90秒自己紹介で顧客をゲットするコツ

近藤三城 著

セルバ出版

はじめに

現代は、一つの時代が終焉し、次の時代への過渡期です。市場では、従来の収益構造が至るところで崩壊し、混乱を招いています。この混乱期を乗り切る第一条件は、トップを先頭に全社員が「お客さま志向」に徹することです。売り手中心の志向から、買い手中心の志向に転換することを意味します。理由は、志向の転換で、早急に取り組む課題が見えてくるからです。

欲望があってニーズ、ウォンツが生まれます。

現に商品・サービスを買っているのはお客さまです。自分の買いたい商品か、買いたい価格か、買いたい相手か、買いたい方法か、のすべてに決定権を握っているのです。

経営者、営業関係者に考えてほしいのは、人間は常に欲望を追い求める動物であることです。しかも、その欲望に際限はありません。生きている限り、果てしなく追い求めます。あなたもそうではないですか。むしろ人は、欲望を追い求めることを、生きる活力源にしているともいえるのです。

その欲望からニーズ、ウォンツが誕生するのですが、このニーズ、ウォンツがしっかり見えている人と見えていない人がいるのです。それは、お客さま志向をしているか、どうかの違いからくるのです。

経営者、営業関係者なら、「お客さま志向」の必要性は、誰でも知っています。

ではなぜ、お客さま志向ができない人がいるのでしょうか。

それは、本文を読み進めることで、自己中心主義の影響によるものであることがわかってきます。

好況も不況も考え方の産物です。

私は、販売不振はデフレ不況の産物である、こんな考え方に疑問を抱いている一人です。現に、好景気の時代に倒産した会社があったじゃないですか。販売不振の根本原因は、景気の影響でなく、各々の考え方にあるのではないですか。

本書では、販路開拓の一手法を紹介していますが、それは人間の本質である、自己中心主義を有利に活用する方法でもあります。また自然に、お客さま志向を身につける最短距離でもあります。

本書は、あなたの考え方を好況モードに転換する、一石三鳥の本なのです。

平成二三年二月

近藤　三城

九〇秒自己紹介で顧客をゲットするコツ　目次

❷聞き手率一〇〇%の自己紹介法

❸九〇秒自己紹介マーケティング法

❻自己紹介のシナリオづくり―自分の名前を活かす

❼場面別自己紹介―プロのテクニックを公開

❽練習を繰り返し、しかるべきときに備える

プロローグ

苦難福門～苦難の陰でエンゼルがほほ笑んでいた

苦しいことや苦手なことの背後には、その苦しみや悩みと同等の量か、それ以上の成功の種が潜んでいるように思えてなりません。

いま、人生を振り返ってみると、世の中の仕組みが、どうやらそうなっているように思えてくるのです。

私は、偉そうなことを述べられる立場ではありません。若いころは、苦手なことを徹底的に避けていました。まして嫌いなこと、苦しいことに立ち向かって、困難を克服しようなんて優等生的な発想はサラサラありませんでした。

二十代の前半まで、初対面の人と気軽に話すことができませんでした。それは緊張症が原因ですが、人前に出ると身体がコチコチに緊張してしまって、思ったことや自分の考えを伝えることができなかったのです。

いまは、「万人共通のコミュニケーション法則」を看板に、企業の経営者、幹部社員、一般社員、その他の方を指導させていただくのが仕事です。大勢の前で講演、セミナー、研修の講師として、年間、一〇〇本近くお話をさせていただいています。

また、かつて、大阪の一流ホテルで、プロ司会者をさせていただいておりました。この現在の講師経験と昔のプロ司会者の経験を踏まえて、新大阪駅の近くのホテルで、次代の講師養成を目的とした講座も常設しています。

ですから、「私は以前、緊張症で、人前で話ができなかった」とお伝えすると、「冗談を慎め。ふざけたことを話すな」とお叱りを受けることもたびたびです。決して冗談でもふざけていたのでもなく、本当に話せなかったのです。

さて、人前で緊張し、短い話の一つもできなかった過去の私が、なぜ、話し方の先生として仕事をさせていただけるようになれたのでしょうか。

緊張症を克服しようと話し方教室に通いはじめる

緊張症だった当時の私は、初対面のお客さまに名刺を一枚渡すこともできませんでした。心の中で名刺を渡そうとするのに、身体がコチコチになって名刺を落としてしまったのです。

苦しんで出した結論は、関西言論科学研究所（話し方教室）に通い、苦難を克服することでした。緊張症を克服しようと奮い立ち、話し方教室に通いはじめたのですが、その教室で大勢の前で話すトレーニングを課せられ、またコチコチになってしまったのです。

幸運だったのは、逃げ道がなかったことでした。逃げ道がなかったから腹が座り、人の二倍の練習を続けることができたのです。

苦しいことを乗り越える、この経験で得たすべてのことが、後に、私の財産になったのです。まさに苦難福門、逆境の中でエンゼルはほほ笑んでいたのでした。

やはり専門家の指導力は凄い

私は、販売商社の役員として、また後には、企画会社の経営者として、その後も欠かすことのできない自己啓発の一環として、話し方の探求に勤しんできました。

早いもので、関西言論科学研究所で学び始めてから、すでに二〇年の歳月が経っていました。一九年前のことです。当時は、話し方を学んだ成果を、仕事や私生活に活用し、予想以上のメリットを享受していました。そして、もう話し方抜きの人生は考えられないようになっていたのです。

関西言論科学研究所で学び始めた動機は、前述したように緊張症の克服でした。なんとか気軽に自らの思いや考えを相手に伝えられる社会人になりたいと願ってのことです。

難題に思えたこれらの課題も、思っていたよりも短期間で乗り越えることができました。

やはり専門家の指導力は凄いと思いました。私の悩みの根本原因を即座に明らかにして、適切な指導をしていただいたのです。

きっと素晴らしい指導を受けた成果でしょうね。人前に立って話すことは「恐怖」でなく、逆に「快感」に感じるように変わっていったのです。

それ以上に役に立ったのは、カタリスト研究所の創業の原点になった、約五〇〇時間に及ぶ、話し方の体系と出会ったことでした。

突然、身体に感じた衝撃

ただ、私の身の上にある異変が起きるまでは、この話し方は天職として、今後、本業にしようとはいささかも考えておりませんでした。

それは、平成三年に突然やってきました。

私の身体の中で、不思議な衝撃を感じることがあったのです。「ズドン、ズドン」といったらよいのか、「ドスン、ドスン」が正しいのか、うまく表現できませんが、とにかくこれまで感じたことがない衝撃でした。

本当に驚きました。

最初は、わけがわからず、「なんだろう？　なんだろう？」といぶかしく思っていただけでした。

たまたま友人に誘われて参加したセミナーで、宇宙メッセージの話を聞いたことがありました。

誰もが使命をもって生まれてきて、その使命に気づかせる手段として、もっとも最適な時期に最適な方法でそれを伝えることがあることを知りました。

このセミナーがきっかけになって、「ひょっとすると、この衝撃も宇宙からのメッセージかもしれない」と思い始めましたが、一方で、「まさか自分が」との考えもあって、気持ちは中途半端な状態でした。

ところがしばらくすると、自分の考えが一つの方向にまとまっていったのです。いつしか、わが身に起こっている衝撃を宇宙メッセージ、天の意志によるものではないかと、真剣に思うようになっていたのです。

お前の天職は話し方の指導者だ

やがて、「これからは話し方の指導者として生きよう。これが天の意志だ」と、強い確信を抱くようになったのです。

さらに、次のように考えが発展していきました。

「話し方の指導者、これが私の天職だ。天職とは、天の依頼で、天の代理で仕事をすることである。天職を受容するということは、私自身に課される試練を、自らの成長のために喜んで受けることである。天職だから絶対、路頭に迷うことはない。無謀ではない」と、かなり肩に力が入った信念をもつようになっていたようです。

いま振り返って、その時点の私の気持ちを文章としてオープンにすることに、気恥ずかしい思いがします。また、現実に戸惑いも覚えました。

でも、思い切って公開することに決めました。

こうして腹を決めてみると、それまでの心の揺れが、嘘のようになくなってしまいました。

さて、すでに述べたように、一九年前は、天職発想について真剣に考えて、ひとり、燃えていたことは確かです。

当時は、小さな企画会社の経営者でした。バブルが弾けて、企画会社にとって逆風の時代でしたが、私なりに一生懸命頑張っていました。

カタリスト研究所を設立

そして、話し方の指導者を生涯の仕事に選んだ以上、もう企画会社の経営を続けることは困難です。不器用な私に、企画会社の経営と話し方指導の二刀流を使いこなすことはできません。

そんなことをしていたら、どちらもダメになってしまいます。

意を決して、親しい知人に理由を説明し、企画会社の経営をその知人にお願いし、カタリスト研究所を設立、以後専念しました。

課題はマーケティング

倫理法人会という経営者団体があります。この経営者団体のテキストでは、「決意は九分の成就」、決心すれば九〇％は達成していると嬉しい激励のことばが書いてあります。

しかし現実は、「話し方の指導を生涯の仕事にしよう」と決意しても、思っただけで即座に軌道に乗るほど簡単な世界ではありません。

中でも、もっとも急がねばならない課題は、マーケティングです。できるだけ早く、お客さまを見つけて、仕事をし、実際に売上をあげねばなりません。

どうすれば、効率的な方法で、お客さまを見つけることが可能か、そればかり考えていました。やがて画期的な方法が閃いたのです。

新しい仕事に挑戦する

新しい仕事に挑戦することは、口でいうほど簡単ではありません。すべてが一から出直すことを意味するからです。

「俺の天職は話し方の指導者だ。天の啓示を受けて決断した。天の仕事だから、必ずうまくいく」と、心の中で何度も繰り返しました。気持ちはブレなかったけれど、それだけではなんにも変わりません。

目的は明確ですが、その後の道は遠く、どうすればよいのかまったく見当がつきません。

桃栗三年、柿八年

苦しい時期でしたが、潜在意識の勉強会に参加したことで、気持ちが軽くなりました。ジョゼフ・マーフィ博士の著書をテキストに使っていて、マーフィ博士が語った、「人生は自分が考えた通りになる」との考え方が、精神的な支えになりました。

わが国の古い言い伝えの中にも「桃栗三年、柿八年」のことわざがあります。桃と栗は種を植えてから実がなるまで三年かかり、柿は八年かかるといわれているものです。

私たちは因果律の社会に生きている

私たちが生かされているこの社会は、因果律の世界で、必ず原因があって結果があります。そして、原因と結果の間に時間差があるのです。

もう一つは、植える種子の種類によって、原因と結果の間の時間が異なることでした。

私が志した話し方指導者の道も、この因果律の法則によれば、実るまで時間を要します。いま種を植えたのですから、必ず実が熟れる時期が訪れるはずです。

「桃栗三年、柿八年」では、話し方指導者は、何年でしょうか。

そのときまで、いまの思いを続けることができれば、成功できると考えていました。

考える順番を変えて納得できた

時間の流れで順に考えると、「私は緊張症。だから困って話し方教室で約二〇年間学ぶ。やがて、天の啓示で話し方を天職だと気づいた。その後、カタリスト研究所で話し方の指導をさせていただいている」となります。

でも、その考え方は違う、と思うようになりました。

最初から、「私の使命（天職）は話し方だった。そしてその使命を果たすために、誰よりも長く、深く、話し方を学ぶ必要があった。緊張症として生まれ、苦しんだ。やがて営業に従事した」。

このように事前に、逃げられない環境づくりが進んでいたのです。納得です。

自宅に根抵当、しかも見込客はゼロ

天職を見つけた私は、。幸せな気分に浸り、毎日、高揚感に包まれていました。強い信念も湧いてきました。

しかし、話し方の道に進もうと決断のした私は、厳しい現実を直視しなければなりませんでした。見込先はゼロです。できるだけ早く、新しいお客さまを見つけない限り収入はゼロです。

しかも、企画会社時代に、公的な金融機関で運転資金を借り入れたとき、自宅には根抵当（将来生ずべき債権残高について極度額の範囲内で担保する抵当権）が設定されていたのです。

収入の道は不透明、借入金の返済ははじまったばかりでした。あったのは、関西言論科学研究所（話し方教室）で学んだノウハウだけでした。

指導依頼と司会依頼

天職を選んだご褒美か？　天の助けがありました。「なんとかなる。道は必ず開ける」、毎日、そう念じていたら、予想外のことが起こりました。

知人が経営する会社から、カタリスト研究所の指導を受けたいと、指導依頼があったのです。しかも、一年契約、高額な顧問料でした。

当時、縁あって司会者のプロダクションに所属し、Sホテル専属で司会をしていました。不思議なことに、知人の会社からの顧問契約と歩調を合わせたように、司会者の依頼が増えてきました。

私は天に試されていた

複数の知人友人から、「お前の決断は無茶苦茶だ」と、度々非難されたことがあります。

でも、判断基準を、「できるか、できないか」でなく、「やりたいか、やりたくないか」で選んだ自分を誇りに思います。当時の私は、「夢が先、パンは後」発想が習慣になっていたのです。厳しい状況下に追い込んで、近藤三城がどう判断するかを、天に試されたんだと思っているからです。

直感を信じ、自分の心の望むままに、素直に従ったことで、道が開けたのでしょう。

話し方教室の先生はほめ上手

話し方教室では、全体講義、三分間スピーチの実習、個人別の批評を繰り返します。しかし、その批評が素晴らしい。長所を探して、長所をほめて、長所を伸ばします。この批評で受講者の問題を解決するのです。

「近藤さん、スピーチが上手になったね」

「近藤さん、話すときの姿勢がきれいね」

「近藤さん、とってもわかりやすい話でした」

「近藤さん、目がイキイキ輝いていたよ」

いつも私の長所を発見して、ほめてくれました。自信喪失中の私の気持ちを汲んで、上手にほめて、私のやる気を高めてくれました。

この批評のお陰で、最初に感じた恐怖感が徐々に薄らいで、入れ変わるように快感を感じるようになったのです。

話し方の素晴らしさがわかった

私の心に変化がはじまったのは、この頃からです。

それまではドキドキが怖かった。一日も早く、苦痛を感じないで楽に話せる自分になりたかったのです。

でも、先生の指導のお陰で、恐怖が消えて、快感を感じるようになれました。感動です。凄い開放感でした。

心の底から「話し方を学ぶことは素晴らしい」と思うようになりました。こうなると、関西言論科学研究所のすべてを習得したいという欲求に駆られたのです。

勢いのついた私は、「普通科」「中等科」「高等科」「実習科」「専門科」「研修科」「研究科」「特修科」「指導科」「師範科」と進級していったのです。

「普通科」～「師範科」まで、全コースを終了するまで二年かかりました。

また、「指導科」「師範科」で指導の仕方、批評の方法を学びました。

その後、インストラクターになり、指導者の心のあり方を学びました。

以上のすべての体験が、カタリスト研究所の原点となっているのです。

自分の強みを活かした集客法

関西言論科学研究所で培ったスピーチ経験と、その経験で磨いた他者との優位性を集客に活かしたい。ではどうすればよいか。

このことをいつも考えていました。思考錯誤の末に、自己紹介を中核にした集客法がベストだと閃いたのです。

そして次の構想が浮かんできたのです。

①異業種交流会に参加する
②主催者から自己紹介を依頼される
③求められて自己紹介をする
④自己紹介で聞き手を動機づける

自らの掟を決めた

自らの掟を決めました。主催者から依頼されない限り、自己紹介をしないことです。無許可で勝手に行う自己紹介は、「売込み」と受け止められ、参加者に余計な警戒心を与えてしまうからです。

主催者から求められた後でないと、効果が期待できないのです。

毎日がマーケティングチャンス

交流会に自己紹介はつきものです。必ず依頼されます。

交流会情報さえ集めれば、後は参加するだけで、毎日がマーケティングチャンスのオンパレードです。

長年、積み重ねた経験をベースに、シナリオをトコトン練り上げて、他を圧倒すればよいのです。

❶ 自己紹介はコンパクトとインパクト

1 自己紹介集客法に絶対の自信をもった二つのコンセプト

「コンパクト」―誰より短い自己紹介

一つ目のコンセプト、「コンパクト」にはすぐ気づきました。

二〇年間も関西言論科学研究所で学んでいて、人は他人の話を聞くよりも自分が話したいということを骨身に染みて知っていたからです。

ですから、誰よりも短い時間で自己紹介をすれば、その場にいる全員に歓迎されることを知っていました。

そうすれば私の長年の経験が活きるし、絶対の差別化につながる唯一の方法だと思ったんです。実際に、自己紹介を何分にするかの決定には時間がかかりましたが、この時点で、ワクワクしていました。

いまだから話せますが、直感で素晴らしい集客法になると確信していました。

「インパクト」―誰よりも強烈な印象を残す

短い時間の自己紹介は、人に嫌われません。自己紹介は、交流会の必須アイテムです。

ですから、主催者のほうが要求します。

全参加者が順次、行うものです。しかも、誰の自己紹介がよいか悪いかは誰にでも評価できます。

最初は、事例を含んだ自己紹介を考えていました。

ある日、「短い自己紹介もいいけれど、強烈な印象を残さないと折角の出会いがもったいないな」と思うようになったんです。

そこから、自己紹介の物語化に気づいたのです。

天職発想が道を切り開いた

天職発想をきっかけに、カタリスト研究所の設立に専念し、集客ツールに自己紹介を選びました。

次に、自己紹介で話し方の専門性を訴求し、仕事に結びつける方法として、「コンパクト」と「インパクト」の両コンセプトに気づいたのです。

天職を選んだせいか、ここまでスムーズに進めることができました。

知人友人から、企画会社からカタリスト研究所へ転身したことを非難されたときも、気持ちが揺れませんでした。

これも天職を選んだ絶対の安心感かもしれません。

2 自己紹介で優良顧客をゲットできる

マーケティングツールとしての自己紹介のシーズ

はじめてマーケティングツールとして自己紹介の効果に興味をもったのは、そのころブームになったＣＩセミナーに参加したときでした。「トマト」を銀行名に提案し、一躍脚光を浴びたＣＩ会社が主催する一泊二日のセミナーです。全体講義の後で、各グループに分かれ、グループ別に自己紹介をしたのが縁で、後日、そのグループの一社から講演依頼が舞い込んだときでした。

次は関西で、お客さまが主催する懇親会に参加したときでした。

やはり、自己紹介がきっかけで、新しい見込客を発掘することができたのです。

前者も後者も、自己紹介がきっかけになって、予期しない展開が生まれました。でも、ただ漠然と、「自己紹介って面白いな」と思った、ただそれだけのことでした。

この体験が自己紹介ツールとして浮上するまでには、もう少し時間がかかっています。

スピーチ実習の効果

ドキドキで苦しんだ時期を卒業し、開放感を感じ始めたころは、スピーチが楽しかったのです。

理屈抜きに快感の日々でした。

また、私のクラスに、同レベルの同僚が複数いて、互いに競い合い、ワイワイガヤガヤやれたことも幸いでした。

先生からやらされた実習でなく、面白いから、楽しいから、自らのめり込んだトレーニングでした。

でも、これが、話し方講師の基礎づくりに役立ちました。

野球の千本ノックで、ボールを「捕る」「投げる」などの基本を徹底的に覚えるのと同じように、話し方の基本「歩き方」「立ち方」「礼の仕方」「話の構成」などを身体で覚えることができたのです。

一日二回の実習なら、一か月二〇日だと計四〇回に。

一年一二か月なら四八〇回になります。これを一五年続けたら、なんと七、二〇〇回、凄い実習の数です。

聞き手を動機づけ、優良顧客をゲットする自己紹介力をつけよう

この切磋琢磨は、かつて緊張症で悔し涙を流した「あかんたれ」を、短い時間でも聞き手を動機づけるスピーカーに変えていったのです。

従来の、自分を知ってもらうことを目的とした自己紹介でなく、聞き手を動機づけ、優良顧客をゲットする自己紹介力は、どうやらこの猛練習の中で培われたのです。

③ 人は他人の話を聞きたくない

耳で聞いたことばよりも、視覚で感じた事実を優先する本質がある

これまで、「私は運がいい。ラッキー」と、感謝したことが度々ありました。それは教室で話し方を学ぶ過程で、人の本質について、深く学ぶ機会に恵まれたことでした。

受講者が先生に、「なぜ、笑顔が必要ですか」と質問すると、必ず先生は、「人は耳で聞いたことばよりも、視覚で感じた事実を優先する本質がある。ことばで、あなたと会えて嬉しいといっても、顔が引きつっていると、嘘をついているのがお見通し」と、人の本質論で応えてくれました。

この事例でわかるように、ベストな話し方かどうかを、人の本質と関連づけて判断する習慣を養うことができたのです。このような機会に恵まれた私は、ムダな時間を浪費しないで、人の本質を軸に、誰もが納得できるシナリオ作成に邁進できたのです。

人は自己中心主義

私たち人間は、矛盾に満ちています。ときに、「この人がなんでこんなことを」と思うことがあります。理屈に合わない発言や行動を起こしたときですが、その原因の根っ子に、この自己中心主

義があります。ストレートに表現すると、エゴ性でしょうか。

私たちは、自己を中心に物事を考える習性があります。それは、連綿と続いてきた人類の歴史の過程で、他人のことよりも自分を中心に考えないと生き残れなかった、その習慣が繰り返されて人間の本質になったのでしょう。

この自己中心主義は、自己紹介の場にもさまざまな形で表れてきますから、事前に、十分な対策を立てて臨まねばなりません。

他人の話は聞きたくない、それよりも自分が話したい

人は、「他人の話を聞きたくない。それよりも自分が話したい」と思っています。事例を交えてこの話を講演会でお伝えすると、毎回、会場に笑いが起こります。その事実に心当たりがある聞き手が多い証拠です。

しかし、「自分の話を優先しないで、もっと人の話に耳を傾けたら」と注意しても、実践は難しいでしょう。他人を優先することは、人の本質に逆らうからです。

それよりも方針を変えて、人の話を聞きたくない聞き手に、どうすると自分の自己紹介を最後まで聞いてもらえるか、その動機づけ方を探るほうが近道です。そのヒントは、人間の本質の中にいっぱい隠れているのです。

4　人は他人に無関心

重要ポイントの一つが「関心」

私は、全国各地で開催する「人間関係セミナー」の講師を務めております。ほとんどが四時間～六時間の長時間セミナーです。セミナーの重要ポイントの一つが「関心」です。

前述した、「人は他人の話を聞きたくない」と同じように、自己紹介で成果を上げるうえで、関心の第一法則と第二法則は、どうしても知っておかねばならない課題です。

第一法則は自分が先、他人は後

「例えば、あなたが写真を撮ったとします。あなたが中心で、周囲に、複数のあなたの知人友人が一緒に写っています。普段お世話になっている得意先の経営者もいます。後日、写真ができあがってきました。

「あなたは先に誰を見るでしょうか？」

この質問に、一〇〇％の人が「自分」と答えます。

「なぜ自分でしょうか？」と繰り返します。

「自分に関心があるからです」と答えてくれます。

質疑応答でわかるように、全員が自分に関心があるから、いつも先に、自分の顔を見るのです。

すると他人に関心を示すのは、いつも自分の後です。そこで、「第一法則は自分が先、他人は後」なのです。

第二法則は自分が先、他人は無視

では、次の場合はどうでしょうか。自分に関心があるから自分の顔を見た、でも会議の時間が迫っていて、他人の顔を見ている時間がない場合です。

このときは、自分の顔を見ただけで、他人の顔を見ないで会議に参加するのではないでしょうか。

他人に無関心な聞き手をどう動かすのか

すでに理解されたように、第一法則と第二法則から判断できることは、私たちは、自分に関心があって、他人に無関心であることがわかります。

さて、あなたの自己紹介を聞いている聞き手全員が、あなたに無関心です。では、どうすればあなたの自己紹介に関心を示してくれるのでしょうか。

この答えは、本書のどこかに隠れています。楽しみながら、読み進めてください。

5 試行錯誤の結果、最適時間は九〇秒に

自己紹介はコンパクトで

人は、他人の話を聞きたくない、むしろ自ら話したいのだと述べました。また、人は他人に無関心、それよりも自分に関心があると記しました。

これは人間の本質で、その本質を逆手にとって、誰よりも短く、聞き手に関連する自己紹介が成果につながるコツなのです。

短時間自己紹介は難しい

しかし現実に、誰よりも短い時間で自己紹介をまとめることは難題です。理由は明確で、人は常に、誰よりも長時間、話したいと渇望しているからです。

いいですか。人に話をしたくてどうにもならない人間が、誰よりも短い自己紹介に挑戦する。人の意識と本質が争うと、必ず意識が負けます。意識が負けると、短い話をするのは難しいのです。

ですから、長くダラダラした自己紹介になってしまいます。

その結果、聞き手に嫌がられ、拒否されてしまうのです。

最適時間は九〇秒

私は、誰よりも短い時間で自己紹介を行うことを決めました。

次は、具体的な所要時間を決めなければなりません。時間が決まらないと、自己紹介のシナリオが描けないからです。

交流会に参加し、実際の所要時間を調査しました。幾つかの交流会に参加して、相応しい目標時間を決めたのです。あがって話せない人を除外し、一通り話した人の時間より短い時間、それが、九〇秒でした。

決めた時間にぴったり終わる快感

私も人間です。自由気ままに話したい、との欲求はうごめいていました。でも長期間、話し方のトレーニングを受けると一段上位の話し方を目指すようになります。ダラダラと話すよりも、スパイスが効いた話で聞き手を魅了するほうを選ぶようになるんです。

ちなみに、自己紹介を行う目的は、ズバリ「新規客の集客」です。

自分の話したい欲求よりも、決めた時間に自己紹介を終えて、聞いている人から、「エー、もっと聞きたいのに～」と、惜しまれる快感を優先する話し手に変わったのです。

⑥ 六〇秒三〇〇文字、原稿用紙一枚半

大勢の前で話すスピードは、一分間、約三〇〇文字

私が大勢の前で話すスピードは、一分間、約三〇〇文字です。自己紹介のタイムは九〇秒ですから、計、約四五〇文字で、原稿用紙一枚半のボリュームです。

ちなみに、テレビ局のアナウンサーは、一分間に約三五〇文字の速さでニュースを読みます。また、早口のタレントは、約六〇〇文字です。

「、」と「。」、そして漢字

私の話すスピードは、一分間、約三〇〇文字でした。あいまいな表現であることは重々わかっていています。あえて、「約」と書かなければならない理由は、「、」と「。」があって、文中の実際の文字数が読めないからです。

一般的に「、」を句点(くてん)といい、「。」を読点(とうてん)と呼んでいます。この句点と読点は、読みやすい文章にするために欠かせません。もし、文章に「、」「。」がなかったら、誤解や迷いを与えてしまいます。

例えば、「二重におりてくびにかける数珠」の文章があります。「、」がないから、「二重におりて、くび（首）にかける数珠」か、「二重におり、てくび（手首）にかける数珠」か、判断できません。「。」の場合も同じで、読点がどれだけあるかわかりません。

もう一点理由があります。それは、漢字が使われていることです。句点と読点と同じように、文中に、どれだけの漢字があるかわかりません。

仮に「魁」という漢字があります。この文字は、書きことばでは一文字です。でも、「さきがけ」と読み、読み言葉では四文字になります。

このように「、」「。」「漢字」があるので、あえて「約」と記しました。

早口が得か、ゆっくり話すほうが得か

どちらかといえば、一分間で三〇〇文字のスピードは、遅いほうです。早口で売っている人と比べると、発信することばの数で劣ります。

一般的に、早口派は知的なイメージ、ゆったり派には説得力があるといわれています。その影響か、ときどき、早いほうを選ぶか、ゆっくり型にするかで迷い、相談に来る人がいます。

大切なことは、自分は一分間にどれだけのスピードで話しているかを、実際に計測し、知っておくことではないでしょうか。そのスピードに合わせて内容を考えればよいのです。

7　話し手時間と聞き手時間

短い時間内で簡潔に要領よく話す表現力をつける

これまで自己紹介集客法について述べてきました。自己紹介は、一般的な会話と比べるとかなり制約を受けます。目的は、大勢の人が集まる場で、限られた時間内に、大勢の人に自己紹介をしてもらい、相互理解を促進することです。

当然、一人あたりの持ち時間は短い時間になります。また、会の趣旨に沿った内容でなければなりません。そして、話す順序も指定されます。

その中で、誰もが楽しい自己紹介を行うには、決められたルールを守って、短い時間内で簡潔に要領よく話す表現力をつけることです。

時間ルールを守れない人が多い

某交流会で参加者全員の自己紹介を行いました。幹事から最近の出来事も添えて三分間で自己紹介を行ってくださいと指示があり、一人ずつ順番に自己紹介をしました。

ところが、S氏は、自己紹介に五分かかってしまったのです。二分の超過です。すると参加者の一人X氏が、「残り僅かしか時間がない。もっと決められた時間を守ってほしい」とクレームを入れたのです。

やがてX氏の出番がやってきました。しかし当人は、一〇分もかかってしまい、さきはどのこともあって、参加者から嘲笑が起こりました。

時間感覚はバラバラ

一般的に、個々の時間感覚はバラバラです。話しているときは短いが、聞いているときは長いという人がいます。また、その逆の意見を述べる人がいます。

時間は世界共通です。三分はどこでも三分ですが、人によって感じ方が違います。この時間感覚を養い、どんな場でも、与えられた時間内で終わるには、トレーニングをなんども繰り返すことです。毎回、一定時間を決めて練習を繰り返している間に、身体の中に時間感覚がついてきます。

トレーニングの成果で、いまどれくらい時間が経過しているかは大体つかめます。そして、実際の時間と自分が感じる時間の誤差を少しずつ縮めて行くのです。

しかし現実は、十分な時間をトレーニングに割ける人は少ないでしょう、ですから、自分がどのくらい話しているのかがわかっていません。また、聞き手の場合も同じで、個々の時間感覚で、「短い」、「長い」と判断しているに過ぎません。

⑧ 物語化でインパクトをつける

自己紹介も差別化がカギ

現代は買い手市場です。しかも供給過多の時代でもあります。いかに他社（他者）と差別化するかで、企業の業績が決まります。

自己紹介もまったく同じ。差別化がカギです。どうすれば聞き手の心をつかむことができるか、事前に構想を練って臨まねばなりません。短い時間差で次から次へと自己紹介は進んでいきます。他の人と次元の違う自己紹介で差別化し、マーケッティングチャンスを実績に変えるのです。

テーマと物語、そしてまとめ

私は二〇年間、関西言論科学研究所で数千回に及ぶ実習を積んだお陰で、その場に立てば、聞き手がどんな話を期待しているかがわかります。

そして、聞き手が興味をもつテーマを選び、次に、テーマに沿った物語を考え、その物語をおおきく膨らませて、最後はしっかりまとめて終わる。

このわかりやすい構成法を完璧にものにしています。嬉しいことに、私の話を聞いた人は、親しみを込めて、「近藤流話し方」と讃えてくれます。長年の積み重ねは、自己紹介集客法として結晶したのです。

私は、当初、家庭（夫婦、親子、嫁姑、兄弟）、での話し方に絞って、講演依頼をいただきたいと考えました。メインの対象者は、ご主人と奥さんでした。

近藤式自己紹介の構成

①まず、簡単に社名と名前、モットーを

「みなさん、こんにちは。カタリスト研究所の近藤三城です。ちかいふじと書いて近藤で、数字の横三に大阪城の城と書いて、こんどうさんしろうです。ことばと人間関係を科学する、をモットーに講演の仕事をさせていただいております」と。（大阪の場合は大阪城の〜、東京だと江戸城の〜）

②次に、物語化

当時は夫婦の会話シーンで迫りました。ご主人のことばの不味さが原因で夫婦喧嘩になった。次に夫がことばの使い方を改め、円満な夫婦関係を築いたお話を漫談風に例示します。どこの家庭にもある物語で、笑い、涙、感動、共感を誘います。

③まとめ

このように話し方を変えると、夫婦の人間関係も変わる、あなたもやりませんか、とまとめます。

9　一五年後に予想もしなかった講演依頼が舞い込んだ

懇親会で講演依頼

その後も、積極的に交流会に参加し、主催者から自己紹介を要求され、その依頼に応える形で、前ページの自己紹介を繰り返し実践しました。そして講演依頼を頂戴しておりました。

自己紹介の後は懇親会です。目の前の人と会話をしながらビールを飲んでいると、初対面の人が名刺をもってあいさつにこられます。

大体、次の会話になります。

「はじめまして、私は○○です」

「近藤三城です。こちらこそどうかよろしくお願いします」

「ところで○月△日のご都合はいかがですか？」

「○月△日の何時でしょうか？」

「□時ですが」

「どのようなご用件でしょうか？」

「ご講演をお願いしたいのですが」

こうして新規の講演が決まりました。一か所の交流会で一本の講演依頼です。カタリスト研究所の設立当時、スケジュール帳は真っ白でした。ですから嬉しかったですよ。費用効果的にも大です。交流会の参加費は数千円で、数万円~数十万円の講演をゲットできたのです。

僅か九〇秒の自己紹介が縁で、一五年後に突然の講演依頼

このころ、よく紹介を頂戴しました。たまたま紹介で参加した某銀行主催の交流会で、自己紹介をさせていただいたことがあります。主催者のスタッフにU氏がいて、名刺交換をしましたが、その後、会う機会がなく忘れていました。

ところが一五年後、U氏から、突然、講演依頼が舞い込んだのです。彼は銀行マンから社会保険労務士に転身し、同業者を束ねて任意団体をつくり、その代表をされておられたのです。九〇秒自己紹介の印象が強烈で、インターネットで私の名前を検索し、ホームページ上に掲載していた電話を見て連絡してこられたのです。以来、この事例を引き合いに、私の自己紹介の賞味期限が一五年もあったと吹聴しております(笑い)。

「来年の新年会で、社会保険労務士に営業手法の話をしてほしい」、これが依頼の骨子でしたが、この講演がきっかけで即日三社、その後、五社の紹介を得ました。

すべての原点は、一五年前の九〇秒自己紹介でした。

10 当初、賛成者ゼロ、友人の反応も冷たかった

希望と不安

たった一人の船出でした。すべての知人友人に協力を請い、集客面、経済面、精神面で支えてほしい、と考えていました。

中でも特別親しいA氏は集客で、B氏は精神面でと勝手に計画を立てていました。でも思ったように捗りませんでした。

ある日、不安の解消を目的に、信頼できる友人にアドバイスを求めたことがあります。

「カタリスト研究所をつくって講演の仕事をしたい。どう思うか?」と。

友人から質問が戻ってきました。

「それでお客さんをどうやってつくる?」

「交流会に参加して自己紹介で集客する」

友人の反応はきわめて冷ややかでした。

「交流会?　自己紹介?　おまえは甘いなあ。もっと考えないと」。

不安の解消を目的に相談したのに、甘い期待は粉々に砕け散って、妙な孤独感を味わいました。

でも、私の将来を心配して、あえて辛口の意見を述べてくれたのは事実でした。

悲しい突っ張り

それでも意外に、九〇秒自己紹介を中核にした新規開拓法に対する自信は、揺らぎませんでした。逆に心がワクワクして、「きっと上手くできる。反対が多いほどやりがいがある。協力者がいない理由は、これまで誰もやっていないからだ。むしろチャンスだ。プラス思考で受け止めて、未知の分野を切り開こう。フロンティア精神で荒海に乗り出そう」と勝手に燃えていました。

いま思うと悲しい突っ張りでしたね。

思いを共有する難しさ

ただ、創業の思いを立場の異なる相手に訴えて、互いに共有し、精神面の協力者を募ることについては先に延ばしました。実績が乏しいと説得は難しいと思ったからです。

現在、企業の組織活性化を目的に、その一環として、経営指針（経営理念、経営方針、経営計画、問題、課題）共有化のお手伝いをさせていただいております。

経営者の熱い思いを社員と共有する（ことばの共有、意味の共有、行動の共有）ことの難しさを感じるたびに、カタリスト研究所の創業時のほろ苦い体験が蘇ってくるのです。

「❶ 自己紹介はコンパクトとインパクト」のまとめ

私は幸運でした。偶然に、自己紹介で優良顧客をゲットする方法に気づいたことです。ですから、その場の思いつきによる自己紹介でなく、十分に準備して、中核にコンパクトとインパクトを置いた自己紹介を始めたのです。

理由は、人の自己中心主義にありました。関西言論科学研究所で、人は本質的に人の話を聞きたくないこと、それよりも自分が話したいと思っていることを学んで知っていました。また、自分に関係することには関心を示すけれど、そうでないことには無関心であることもわかっていたのです。

短い時間の自己紹介でも聞き手の心に、「この話はあなたにとって有益な情報ですよ」と訴求することができると、相手は俄然私に興味を抱いて接近を開始するのです。

❷ 聞き手率一〇〇%の自己紹介法

1 自己紹介で大勢の中から見込客を発見する法

飛込営業

ＢｔｏＢ、ＢｔｏＣのいずれの場合も、売り手が買い手の元に出かけて商談する営業スタイルは、時代の流れに合致していないのではないでしょうか。

紹介で事前にアポイントが取れた場合はよいのですが、そうでない場合は、飛び込むことになります。そうすると、「不在」「在社でも商談拒否」に合う確率が極めて高く、そのまますごすごと引き返さねばなりません。凄い時間のムダです。当然、営業のモチベーションも低下します。

話のもっていきかたで商談ができた時代があった

以前なら、予約なしで飛び込んで「社長いらっしゃいますか」といえば、特別な予定がない限り一応会って話を聞いてくれました。

会って「A社の紹介で」「新商品のご紹介で」「近くにきましたのでご挨拶だけでも」と話すと、「じゃあ、応接室で」と機会をつくってくれたものです。

そして商談の結果、「次は見積りをお願いしたい」「一度、御社の工場を見学したい」などと、次回の約束ができたものでした。

従来とどこが違うのか

かつて営業は、お客さまが知りたい情報をもっていました。業界の動向、競合先の動き、今後の展望などについて…。ですから飛び込んでも、忙しくても情報を得るために会ってくれたのです。

ところが最近は、情報をインターネットで得られる時代になって、営業に会う必要がなくなったのです。

聞き手率一〇〇%の市場とは

本書で提案する、「自己紹介でお客さまをゲットする法」は、聞き手率一〇〇%で、販売不振で頭を抱えている経営者、営業責任者、担当者に一筋の光明を投げかけるものです。

従来の営業手法を継続しながら、併用で試してみてはどうでしょうか。

大勢が集まる場で自己紹介を行い、聞き手に興味を喚起し、それをきっかけに商談に持ち込む方法です。

自己紹介で大勢の中から見込客を発見する方法で、営業のモチベーションは下がりません。画期的な方法だといえます。

2 費用対効果を高める最重要ポイントは聞き手率

聞き手率

何人の人に話かけて、何人の人が話を聞いていてくれたか、この話を聞いていただいた比率をカタリスト研究所では、「聞き手率」と呼んでいます。

話を聞いた人数		
	＝	聞き手率
話しかけた人数		

仮に一〇〇人の人に話しかけた結果、三人の人が聞いていただいたとすれば、そのときの聞き手率は三％になります。

営業の話を聞いた結果、販売会社の考え方、営業の誠実さ、あるいは販売商品の素晴らしいメリットなどが聞き手（お客さま）に伝わっていきます。そして条件、タイミングが一致すれば、成約することになります。

ただ、現実の市場で、身をもって知った聞き手率は、想像以上でした。低すぎるのです。

聞き手率が低いから、営業担当者の心理的な負担は大きく、ロスも大きいのです。

従来の営業手法が、時代に合っていないことを実感しました。

では、どうしたら高い聞き手率が得られるのでしょうか。

ほとんどの人が気づいていない盲点

本書の読者が、もっとも興味を抱く、聞き手率を一〇〇%にする秘訣、しかも、ほとんど努力しないで達成できる方法があります。

それは、大勢の人が集まる場にあります。私が有効なマーケティング手法として自己紹介を選んだ理由もここにあります。

大勢の人が集まる場には、最初から聞き手率一〇〇%の条件が備わっているのです。

自己紹介の場は聞き手率一〇〇%

あなたが自己紹介を行うとき、その話を聞きたくないと拒否する聞き手がいますか。そんな人はいません。

自己紹介の場は、聞き手率一〇〇%です。他人の話を聞きたくない人も、他人に無関心な人も、一応、話を聞こうとします。

全員が自己紹介に聞き耳を立て、自分なりに判断し、メリットを感じれば接近し、そうでなければそのまま離れていきます。

あなたは、与えられた時間内で、自社商品の強みをわかりやすく伝えて動機づければよいのです。

聞き手の判断に必要な情報を提供し、「イエス」か「ノー」を迫るのです。

③ 低い聞き手率はムダが多い

聞き手率を従来の販売方法の視点で考える

まず、初対面で販売側に立ちはだかる障害は、「警戒心」です。この警戒心が売り手の話を拒否し、聞き手率を大幅に下げています。この「拒否」は、訪販の経験者なら、ほぼ全員が体験済みです。

ＤＭも同じで、封書の場合は、開封しないでゴミ箱に直行です。

このように、極めて低い聞き手率の中で販売が行われていて、時間と費用のムダが多いことがわかります。今後、販売方法を改めない限り、この状態はずっと続いて行くのです。

激しい販売競争の原因は供給過多と販売の同質化

現在の市場にはモノが溢れていて、これを「供給過多」といいます。需要より供給が多い状態です。さらに、どの販売会社も商品・価格・方法・対象がほぼ同じで、競合相手との違いがわかりません。この現象を「同質化現象」と呼びます。

前者「供給過多」と後者「同質化現象」の相乗作用で、過当競争がより激化しています。欲しい商品がない、どの営業もやり方は一緒、果してお客さまは、売り手の話を聞く気になるでしょうか。

このような状態が続いていけば、益々聞き手率は下がる一方です。

未知の販売手法に期待する

既存の取引先が増収増益なら、これまでどおり取引先をしっかり守っていれば、自然増の効果で、会社の業績は伸びていきます。少し前まで、そのような時代がありました。でも、それはもう夢幻の世界の話で、現在は、ほとんどの取引先が減収減益です。

ならば、業績を伸ばす方法はただ一つ、活路は新規開拓しかありません。しかし、いざ新規開拓しようと思っても、市場は供給過多と同質化現象で、営業の話すら聞いてもらえない世界です。

しかも、聞き手率は、今後下がる見込みはあっても、上がることは期待できません。聞き手率が低いということは、せっかく訪問しても、「要りません」「無用です」「忙しい」の連続で、商談できる確率が極めて低いことを意味しています。

結果、売上は上がらない、人件費は上昇するばかり、また、営業のモチベーションも下がります。やがて営業の退職が続き、新人を採用してもまた辞めていきます。

その間の諸手続にどれだけのムダが発生するでしょうか。

やはり、聞き手率一〇〇%の世界に期待し、競合相手より先に、リスクを背負って、新たな販売手法にチャレンジする、もうこの方法しか選択肢は残されていないのではないですか。

4 リフォーム会社の聞き手率は一・五％

飛び込んだ見込先では一〇〇％話を聞いていただけない

販売商社で営業に従事したころは、入社早々の新人に与えられた役割は新規開拓でした。しかし、現実は、こちらの期待するように捗りません。飛び込んだ見込先で、一〇〇％こちらの話を聞いていただけないからです。

「毎度ありがとうございます」と挨拶しても、「いま忙しい」と断られます。「ノー」「ノー」の断り文句が来る日も来る日も続くのです。そのうち、初回訪問時のマイナスイメージが心の中で蔓延すると、訪問前に、断られるイメージが心を覆い尽くしてしまいます。

かつての営業体験が買われ、新規開拓の指導を依頼される

かつての営業体験が買われ、新規開拓の指導を依頼されることがあります。

次に述べる、リフォーム会社もその内の一社でした。

毎朝、訪問予定地を決めて、四～五人がチームを組んで、目的地の近くまで車で移動します。やがて現地からは、各自が徒歩で一軒一軒飛び込むのです。

一般的にローラー作戦と呼ばれている方法です。

要は、売る人は売る、売れない人は売れない

営業の皆と一緒に実際にやってみました。私に業界知識や商品知識はありませんが、かつての営業経験が役立ちました。結構、数字は上がるものです。リフォームを希望するお客さまを見つけること、是非リフォームして欲しいと、その気にさせるまでが私の役割です。取引条件や詳細は、同行したその会社の担当者に引き継ぎました。

三十数年ぶりに飛び込んでわかったことは、営業の成果は、取り扱う商品や時代背景は無関係のようです。要は、売る人は売る、売れない人は売れないのです。

めげないで呼び鈴を押し続けた営業が実績をあげる

さて、聞き手率一・五%とは、拒否率九八・五%です。

前もって決めたエリアの住居を残らず訪問します。次から次へ玄関横の呼び鈴を押し続けます。訪問は昼間です。在宅の場合でも、相手はほとんど家庭の奥様です。そこへ見ず知らずの男が呼び鈴を押すのですから、警戒されて当然、やはり「要りません」「間に合っています」の返事です。

それでもめげないで呼び鈴を押し続けた営業が実績をあげるのです。

5 話を聞いてくれるのは二〇〇軒で三軒

精神面のタフさが求められる

このリフォーム会社の経験則は、毎日二〇〇軒、呼び鈴を押す、すると三軒商談できる、三軒商談すると一軒決まるというものでした。聞き手率は一・五％（前出）で、毎日一九七軒で拒否があります。

はっきりいって厳しい仕事です。肉体的に厳しいのではありません。精神的に辛いのです。過酷な世界で、ひ弱な営業マンは一日で辞めてしまいます。

その理由は、お客さまの「ノー」のことばです。人間は弱いものです。一回や二回の拒否でも精神衛生上はよくありません。まして一日一九七回も拒否されます。精神面で参ってしまいます。それが毎日続くのです。堪ったものではないのです。

この会社にも営業のエースがいました。毎月ずば抜けた業績をコンスタントに上げるのです。

彼を見て気づくのは精神面のタフさです。辛いのは仕事と割り切っています。厳しい中で鍛えられて、比較的淡々と仕事をこなす要領のよさをもっていました。

一日一本の目標

訪販の世界で抜群の業績を上げているトップセールスに協力してもらい、コンピテンシー調査を受けてもらったことがあります。

結果が、誰にも共通するとは断言できませんが、ストレス耐性が極めて強いことがわかりました。

彼らの特徴は、

①自分の達成目標をもっている
②一日一本の契約にこだわる
③楽しんで仕事をしている

毎日、一本受注するために、

①商談相手は社長
②時間つぶしの社長と商談しない

普通の営業は、「ノー」を嫌います。商談機会があれば、時間つぶし社長でも飛びついてしまいます。

しかし、トップセールスは違います。一日一本の明確な目標があるからです。

⑥ 電話機販売会社の聞き手率は五％

ぴったりのタイミングを求めて訪問を繰り返す

この電話機販売会社の経営者は、若いころに訪販で財をなし、かつての体験で、一日六〇社訪問すると、三社商談でき、その結果、一社と契約できることを知っているのです。聞き手率は五％です。これを経験則と呼んでいます。この世界は、別な見方をすれば確率の世界ですから、とにかく営業全員が一日六〇社訪問すれば、会社は成長するのです。

数を打たないと当たらないが、飛込主体の訪販会社の考え方は営業の基本

必要な商品を購入する場合、販売会社のためを思って商品を買う奇特な人はいません。いつも、自社（自分）の問題解決が目的で、現在、困っていることを解決したいから、手段として商品を買うのです。商品を購入する理由は、すべて自己中心主義、自分の都合です。

電話機を購入する場合も、「従来使っている電話機では仕事上で不都合がある、新しい機能を備えた電話機に買い替えたい」と考えているお客さまがいて、一方で、電話機を販売し、売上を上げたいと思っている営業がいて、双方が、ある日ある場所で、タイミングよく出会うから商談が生ま

れ、売買が成立するのです。数打ちゃ当たる、数を打たないと当たらないー飛込主体の訪販会社では、この考え方は営業の基本です。

ぴったりのタイミングを求めて、一日の訪問数をできるだけ増やして繰り返すのです。

トップセールスは視野が広い

この電話機販売会社の営業課長は、トップセールスマンでした。毎月たった一人で、粗利ベースで五〇〇万円稼いでいたのです。実に年間六、〇〇〇万円の粗利です。

直接、顔を合わせる機会があって聞くと、年間六、〇〇〇万円稼ぎ出すトップセールスの考え方は、「見込先を訪問した結果、『イエス』のお客さまと『ノー』のお客さまがわかる、『イエス』も『ノー』もありがたい」と語ったのです。

「後は『イエス』のお客さまと商談し、メリットを訴えて契約していただけるよう努力すればよい。また今回、『ノー』のお客さまも、時間が経てば、『イエス』に変わる可能性がある、一重に対応し、捲土重来を期せばよい」というものでした。

毎月、トップセールスの座を維持している背景に、このような哲学があったのです。これは、他の営業が及ばない境地です。ダメな営業と根本的に違うのは、「ノー」の受け止め方がまったく違っていたのでした。

7 話を聞いてくれるのは六〇社で三社

商談相手は決済権をもつ経営者に限られる

電話機販売の事例を紹介します。

前者の訪問先は主に民家でしたが、後者のターゲットは一般企業です。さて、この販売会社の営業方針は、即日受注です。飛び込んだその日に商談し契約するということです。必然的に商談相手は、決済権をもつ経営者に限られます。

訪問者は、相手の了解を得ずに飛び込みます。たまたま相手先の経営者が在社していて、しかも商談に応じてくれた、この数字が六〇社で三社です。これ凄い数字と思いませんか。

社長との商談を第一に

突然の訪問です。社長が不在で、代理の方が商談に応じる場合があります。でも、「社長が不在でしたら改めて」と丁寧に辞退します。商談相手が決済権をもつ代表者でないと、結果的にムダな時間を費やすことになるからです。

そしてその時間を有効に活用し、次の商談相手を探す目的で、別な会社に飛び込むのです。

毎日、この繰返しです。でもこの繰返しが運気を呼び込むのです。

精鋭を揃えることは難しい

ここまで「聞き手率」を切り口に、リフォーム会社と電話機販売会社の事例を紹介してきました。

もし、貴社の営業部隊が、ここで紹介したトップセールスパーソンをずらり揃えた強力な布陣なら、もうすでに高収益の会社です。これ以上、本書を読まれる必要はありません。

しかし、現実的に精鋭を揃えることは難しいのです。

聞き手率一〇〇%は「ノー」のない世界

本書で提案する自己紹介法の聞き手率は一〇〇%。仮に電話機会社の聞き手率五%と比較すると、「一〇〇%÷五%」で二〇倍もあります。

なお、営業手法を見直すうえで、どうしても見逃せない事実が隠れています。聞き手率一〇〇%とは、お客さまの「ノー」がない世界を意味します。営業がお客さまの拒否にオドオドしなくていいのです。安心して営業できますから、彼らのモチベーションは一気に急上昇です。

また従来は、訪問数が売上増のカギでした。フットワークのよいヤング世代が主力でした。自己紹介集客法は、動機づける話力が必要です。主力を中年からシニア世代に拡大できます。

「❷ 聞き手率一〇〇%の自己紹介法」のまとめ

従来の販売手法が時代の変化に対応できなくなってしまいました。
これ以上、従来の販売手法に執着しても将来の展望は描けません。
営業ロスは大きいしモチベーションも上がりません。
現実に困っている経営者、販売担当者がたくさんおられます。

一方で、営業ロスも小さく、モチベーションも下がらない販売手法があります。前者の聞き手率は数%、後者の聞き手率は一〇〇%です。
従来の販売方法を続けながら、別途、新しい方法にチャレンジすることも可能です。自社の販売商品に相応しいかどうか試してみるのはいかがでしょうか。

❸ 九〇秒自己紹介マーケティング法

1 元気を与えてくれたことば

自己紹介集客法の新規開拓四か条

自己紹介集客法で新規客の開拓をしようと考えていたとき、次の四か条がフッと浮かんできました。

(1) 人は問題をもっている。
(2) 人は問題解決につながる人と情報を探し求めている。
(3) 私はあなたの問題解決の有資格者である。
(4) 自らが思い描いたとおりに人は動く。

右記の四か条は、前述した「コンパクト」と「インパクト」と同様に、自己紹介集客法で講演依頼を頂戴しよう、このマーケティング法ならきっとできる、と確信する過程で、元気を与えてくれたことばでした。

不思議、イメージが連続的に湧いてきた

天職発想を受容した瞬間に、私の人生の方針は決まりました。でも、人生設計のキャンパスは、

まだ真っ白な状態でした。

次の課題は、どういう方法でマーケティングをするかでした。すると、関西言論科学研究所の膨大な話し方の体系の中から、自然に自己紹介が閃いたのです。

さらに、どんな自己紹介がよいかを考えていたら、第一に「コンパクト」、続いて「インパクト」そして冒頭の四か条のイメージが湧いてきたのです。

聞き手の問題に訴求する

人は、欲求をどこまでも追求しようとする人と、追求する欲求と諦める欲求を併せもつ人に分かれます。さて、欲求の程度の差はあれ、ここから問題が発生してくるのです。

この四か条は、人の本質のあり様という面で、間違っていなかったと思います。

ただ、目の前で私の自己紹介を聞いている一人ひとりの人が、どのような問題をもっているのかはわかりません。

さらに、その問題を具体的に短期間でどうつかめばよいのかも、新たな課題でした。

それだけに、興味を喚起する自己紹介を目的にしようと思いました。細部のことは、商談で質問すれば、明らかになることだと思ったからです。

2　人間社会はジャンケンポンで動いている

お客さまの牙城に飛び込む営業手法は最初から劣位を受け入れたスタイル

人間社会は、ジャンケンポンで動いていて、勝ち負けと相子（あいこ）があります。勝ち負けとは、「優位」と「劣位」の力関係のこと、「相子」は対等な関係です。

現在は買い手市場です。一般的に、買い手が優位、売り手が劣位です。仮にこの優劣をジャンケンに反映すると、買い手がチョキなら売り手がパーで、買い手が優位です。

さて、お客さまの牙城に飛び込む営業手法は、最初から劣位を受け入れたスタイルです。それは、以後もそのまま継続する可能性が大きく、長期的にハンデです。

自己紹介の場に優劣はなく対等の関係

一方、自己紹介の場に優劣はなく、対等の関係です。むしろ演出次第では、一気に優位を狙える地位にいます。

仮に自己紹介で聞き手を魅了し、自社に多数の買い手が殺到する売り手市場を演出すれば、売り手優位、買い手劣位の関係を構築できます。

売り手が自己紹介で優位に立つコツは、販売商品の強みをわかりやすく強調することです。現実は、ほとんどが聞き手をワクワクさせない自己紹介ばかりです。方針も立てず、ただ思いつくまま話しているからです。これでは、敗者になるだけ、自社のイメージダウンを呼び込むだけです。

自己紹介で必要な二法則

第一法則は、販売商品の強みを訴求することです。もし、強みがなかったら、強みを創るべきです。ただし、断っておきますよ。誤解されると困るから。決して聞き手を騙せといっているのではありません。そうでなく、自社商品の愛用者に、商品の素晴らしさを教えてもらうとか、生産現場の工場長に門外不出の開発秘話を教えてもらうのです。

とにかく売上に直結する、商品情報をいっぱい集めることです。しかし、残念ですが、この情熱が乏しいから強みがわからないのです。

次に、第二法則。聞き手に短い時間で商品の魅力をわかりやすく伝えることです。その結果、聞き手が、「面白い話だな。一度、当社に来てもらって詳しく聞きたいな」と思っていただける自己紹介をすることです。

この第一法則と第二法則を使って、売り手であってもジャンケンを制することです。競争相手を引き離してしまうのです。

③ 動因と誘因

動因

ある人が、「将来こうしたい」と目標を決めると、そのあるべき姿と現実との間に差が生まれます。これを一般的に問題と呼びます。また、心理学用語で、「動因」と呼んでいます。

例えば、A社長が、将来、自らの事業体験を活かして、講演家になりたいと考えていたとします。でも、現実は、その方法を知らないこともあって、思いは未達成とします。この思いと現実の差のことです。

誘因

ところが、ある日、私、近藤三城とA社長が偶然出会い、

「カタリスト研究所では、新大阪で経営者のための講師養成講座を主催しています。修了者は約八〇名。石川県、岐阜県、愛知県、三重県、岡山県、鳥取県などの遠距離からも新幹線で通ってこられますよ」

と話すと、A社長は私の話に俄然興味を抱くのです。

これを心理学用語で、「誘因」と呼びます。

自己紹介の聞き手にどのような「動因」があるか

私は、年間一〇〇本近く講演やセミナー、研修の講師をしていて、毎回コミュニケーション法則を私の体験を交えてお伝えしています。

そして、講演が終わると、話を聞いておられた方が名刺交換にこられます。その中に、「講師養成講座を受講したい。どうしたらいいいですか？」と聞いてこられる方が多いのです。

私は、経営者ですから、心の中で、「今日話を聞いていただいた方とよいご縁ができればよいな」と思っています。ですから大歓迎です。

でも、右記のようなケースは、その日の話の内容が、講師養成講座と無関係で、売り込んでいなくても起こってくるのです。この原因を考えてみると、元々聞き手の中に「動因」があって、その人がたまたま私の話を聞いたことにより、私の話が「誘因」になったのです。

このように「動因」と「誘因」が相互に引き合い、「講師養成講座を受講したい」との相談が生まれてくるのです。

これは、自己紹介もまったく同じです。いつも自己紹介の聞き手にどのような「動因」があるか、そこに思いを馳せることで相互がハッピーになる道が開けてくるのです。

4 人は問題をもっている

第一ステップ・「人は問題をもっている」が大事な意味をもっている

私が、自己紹介をマーケティングツールにできると思った理由があります。それは、弊社で確立した聞き手の心理分析法があります。

心理分析法は、四ステップになっていて、その第一ステップが「人は問題をもっている」ということです。

私が自己紹介を行うとき、私の目の前で自己紹介を聞いている人で、問題で困っていない人は絶対いないと確信しています。まあ、そう思っているからこそ、情熱も迫力も出るのです。

自己紹介集客法にとって、この第一ステップが、大事な意味をもっているのです。

人間は欲望の塊

私たちは、生きている限り欲望を追い求めます。「こうしたい、ああしたい」「あれが欲しい、これが欲しい」と数えあげればきりがありません。

いくつになっても、どんな成功者でも、将来の夢を描いて、それを活力源に変えて生きているのです。

すると、永遠に、「あるべき姿」と「現状」の差、「問題」が生じます。つまり、人は、いつも問題をもっているのです。

聞き手とは

ここで「聞き手」について考えてみましょう。人は、必ず問題をもっていますが、聞き手の同時性効果（複数の人が一緒に話を聞く状態）で警戒心は湧いていません。ですから、バリアを張って、絶対に聞かないという状態ではありません。でも、目の前の人＝聞き手ではありません。

ややこしい話になりましたが、とても大切なポイントです。ここで聞き手を定義づけておかねばなりません。聞き手とは、自己紹介者の話を聞こうと思って聞いている人のことです。

目の前の相手を聞き手に変える

すでに述べたように、聞き手率一〇〇％の世界で障害はありません。ただ障害はないものの、あなたの聞き手でもないのです。そのために、目の前の人を聞き手に変えるステップが必要です。

その方法は、たった一つ、聞き手の抱えている「問題」に焦点を当て、自己紹介の導入時から動機づけてしまうことです。そうすれば、目の前の人は全員、聞き手に変わります。

5 人は問題解決につながる人と情報を探し求めている

自己紹介で夢を売る

「夢を売れ」――このことばを聞いたのは、司会者時代でした。プロダクションの社長の口ぐせで、何度も耳にしたことばです。

夢の力は強力です。しかし、現実の慌ただしさに紛れて、夢を追いかけることを忘れているのです。夢を売るのは、司会者の特権ではありません。まして、バーゲンセールの特権でもありません。自己紹介でも夢を売ることができるのです。

聞き手の皆さんに、「夢」を売りましょう。商品を手にすることで得られる「夢」を売るのです。素晴らしい毎日を売るのです。その結果、その「夢」に共感した聞き手が、「もう少し詳しい話を聞きたい」と集まってきます。

自己紹介で、自社の商品を購入したお客さまの喜びのシーンを再現するのです。

足し算話法と引き算話法

私は最近、九〇秒自己紹介だけでなく、次のような一分間自己紹介もしています。

「チャンスを生かす人は引き算話法を、そうでない人は足し算話法で話している事実をご存じでしたか。あれを話そう、これも話そうと足し算をすると、まとまりのない話になります。一方、わかりやすい話を行う人は、話題を一つ選んだら、後は捨てる引き算話法で話します。当然、わかりやすい話になります。だが、私たちは好きなように話したい、という欲求があります。捨てるとは、欲求に逆らうことになります。だから、頭でわかっていても実践は難しいのです」。

右記の自己紹介は、二二三文字です。これに私の名前・近藤三城と会社名・カタリスト研究所を加えても、三〇〇文字以内です。所要時間は、一分間以内です。

自分の問題を解決してくれるのではないかと接近

たったこれだけの自己紹介です。しかし、その内容から、私の専門性が聞き手に伝わります。また、話す「態度」「声」「表情」「目くばり」「間」なども、私の専門性を裏付けてくれるのです。最近の聞き手は、大勢の人の話を聞く機会が多くなった影響か、耳も目も肥えています。ちょっと話を聞くだけで、私の話が本物か借り物かを見抜いてくれるのです。

ですから、話し方で困っている人や、講師を目指している人が、「この先生なら」自分の問題を解決してくれるのではないかと、接近してこられるのです。

⑥ 私はあなたの問題解決の有資格者

自己紹介で、「反応」「相談」「依頼」を呼び込むカギ

自己紹介で、「反応」「相談」「依頼」を呼び込むカギは、貴社（あなた）の専門性にあります。

余人をもって代えがたい絶対の強みです。

「○○製品の生産に携わって三○年」「ロボット研究開発二○年」「○○山麓に住んで五○年、雲の動きで明日の天気がピタリとわかる」「ダイエット指導○○年」「△△の販売歴○○年」など、多種多様です。

右記のように、その道一筋で培われた専門性、あるいは、「弁護士、公認会計士」などの公的資格の保持者がそれに該当します。

会社の数、人の数以上の問題がある

現在、世界中の法人、個人を合わせると、企業の数はどれだけあるでしょうか。また、人口はどれだけでしょうか。この企業の数、人口の数の何倍か、あるいは何十倍の問題が私たちの住む社会を飛び交っているのです。

「凸」と「凹」

専門性や強みが「凸」なら、問題、困っていることは「凹」です。自己紹介で行う自社（自分）PRの骨子は「私は○○です。わが社の強みは△△です」ですが、わが社の強み「△△」は、いわば「凸」です。

一方、「私は○○です。弊社は□□で困っています」と相談する人がいます。この「□□」は、「凹」に該当します。

「凹」で悩んでいる人がいて、「凸」を訴求したい人がいます。本書で紹介する自己紹介の使命は、ここにあります。

自己紹介の結果、「凹」と「凸」が出会い、条件が合致すればマッチングは成功、双方がハッピーになれるのです。

エリア戦略

ランチェスター戦略では、戦略には「強者の戦略」と「弱者の戦略」があって、弱者が強者を制するには、一定の狭い地域に陣を張って、その地域一番を狙うと業績が向上するといいます。

強い競争相手がいないエリアで、自社（自分）の「凸」を骨子に、「私はあなたの問題解決の有資格者です」と発信し続けるのです。

7　自らが思い描いたとおりに人は動く

参加者全員の自己紹介

ある交流会に大勢の参加者が集まっています。

やがて幹事の発案で、参加者全員の自己紹介が始まりました。A氏からB氏へ、そしてC氏へと順に自己紹介が進んでいます。

そしてD氏の出番になりました。聞き手の中にZ氏がいます。D氏の自己紹介を聞いたZ氏は、D氏が自分の問題を解決できる情報をもっているのではないかと直感で判断したのです。

動機づけられた聞き手は自ら動き近づいてくる

Z氏は、初対面のD氏に強い興味が湧いてきました。Z氏は、D氏の話をもっと聞きたいと思って、D氏に接近し、名刺を渡しました。「私、Zです。どうかよろしくお願いします」と。D氏もZ氏に応えてあいさつし、名刺を渡しました。

Z氏はD氏に話しかけ、質問し、興味ある話題に触れていきます。しかし、交流会の終了時間が迫ってきました。もうすぐ会場を出なければなりません。もっとD氏から情報がほしいZ氏は、「改めてもう一度、お会いしたいのですが、ご都合はいかがでしょうか？」と再会を申し込みます。

このように、自己紹介で聞き手を動機づけると、動機づけられた聞き手は、自ら動き、対象者に近づいていきます。そしてZ氏とD氏は個別に約束を交わし、次のステージに移っていったのです。

あなたの自己紹介が、動機づけに必要な要件を備えていれば、必ず聞き手が動きはじめます。

積極的に名刺交換をされる方の特徴

自己紹介の後で、名刺交換にこられる方は、①興味をもった人で、自分の問題解決に役立つ人かを確認したいと思っている人、②好感をもった人、③名刺交換マニアの三種類に分類できます。

①がZ氏です。どの程度、専門的に知っている人か、もう少し確認してみようと思って接近されたのです。これだけで大きな前進です。見込先が見つかったのです。

Z氏は、必要な情報を求めてD氏に接近を開始しました。D氏は、一対一の場で、タイミングを計ってZ氏に質問すればよいのです。

「このような機会をつくっていただいてありがとうございます。失礼かと思いますが、幾つか質問されていただいてよろしいですか？」と聞いてみます。

多分、Z氏はOKされるでしょう。これでD氏は、核心に触れる質問を心おきなくすることができます。この質問によって、さらに一歩、前進することができるのです。

「❸ 九〇秒自己紹介マーケティング法」のまとめ

左記の人を動かすメカニズムとして四か条を紹介しました。この四ステップを頭に入れて、活用方法を考えてください。課題は、第三ステップです。少々、頭に汗を流していただかないといけませんが、きっと素晴らしい自己紹介ができるようになります。

自己紹介集客法の新規開拓四か条

(1) 人は問題をもっている。
(2) 人は問題解決につながる人と情報を探し求めている。
(3) 私はあなたの問題解決の有資格者である。
(4) 自らが思い描いたとおりに人は動く。

④ 異発想のマーケティング法

1　六種類の法則

人と人が出会う場にはビジネスチャンスが満ち溢れている

自己紹介法で新規客の開拓ができる、これは私だけが知っている勝ちパターン、そう信じ込んでいた時期がありました。ひそかに自負し、ひとりで「ニタッ」と笑っていたのです。

初対面の人の感情面を自己紹介で直撃し、聞き手の問題解決意欲を刺激することで、結果的に講演依頼を呼び込むという異発想は、日本中で誰も気づいている人がいないと思い込んでいました。

しかし、日本は広いですね。

問題意識をもって全国に目を転じると、自己紹介を仕事につなげる発想が全国各地で芽吹いていることがわかりました。

人と人が出会う場には、ビジネスチャンスが満ち溢れています。

出会いを活かすためにどう智恵を出そうかと考えている人がいて当然です。

私と同じように、自らの目標達成に向けて、出会った相手をいかに動機づけるかに、真剣に取り組んでいるチャレンジャーがあちこちに大勢存在することがわかったのです。

聞き手の心を捉えて離さない自己紹介

ここでは、自己紹介をきっかけに、自己紹介を聞いた人たちがどう反応したか、なぜ成功することができたのか、そのポイントを紹介します。

自己紹介をする人がいて、それを聞いている人がいます。右の耳から左の耳に素通りするだけの自己紹介が多い中で、聞き手の心をしっかり捉える自己紹介もあります。

聞き手の心に、「オャッ」「!」「?」のシグナルを灯す自己紹介です。聞き手の感情面に何らかの影響を与えたのです。

六種類の法則

次の六種類の法則について、要点を述べていきます。

(1)「強い意志」の法則
(2)「思い」の法則
(3)「?」の法則
(4)「物語」の法則
(5)「視覚」の法則
(6)「うふふ」の法則

2 年商一〇〇万円の取引先を三〇〇倍の三億円に伸ばす法

「強い意志」の法則

話し手の頭の中には、必ずイメージがあります。「〇〇したい、そのためには△△について、□□と話そう」と。そして、適切なことばを選んで、聞き手に伝えようと試みます。聞き手は、耳から届いた聴覚情報と、目で捉えた視覚情報を合算し、話し手の意図を理解し、応えようとします。

自己紹介で聞き手を動かそうとすると、右記のことばの背後に「強い意志」が必要です。

仮に、「私は〇〇〇〇です。皆さんに××の提案をします」と訴求する場合も、「きっとこの思いを叶えてみせる」と不退転の決意で臨むから、態度が変化し、ことばに熱を帯びるのです。

表面的なことばは同じでも、強い意志を込めた話と、気が抜けた話では、相手への伝わり方に雲泥の相違を生じるのです。この事例で、ことばの操作だけで人を動かすことは難しい、心のもち方がカギであることがおわかりでしょう。

株式会社菱友の柏田良丸社長は強い意志の持ち主で地声も大きい

さて、宮崎県都城市で、羽毛布団の製造販売を手掛ける株式会社菱友の柏田良丸社長は、強い意志の持ち主でした。また地声も大きい人です。

柏田氏は、名前を呼ばれると、他を圧倒する元気な声で、「ハイ！」と返事をします。この「ハイ！」が、年商一〇〇万円の取引先を三〇〇倍の三億円に伸ばす幸運を呼び込んだのです。

私が柏田社長と出会うきっかけは、「挨拶で変わる会社が活きる」（天明茂著、日本実業出版社）で、実は、売上一〇〇万円を三億円に伸ばした詳細な経緯もこの本で紹介されています。

柏田社長の自己紹介

ある日、広島の得意先から、「仕入先、販売先が集まる親睦会があります。ご一緒にどうですか？」と誘われて参加したのです。

最初に自己紹介があって、「柏田さん」と呼ばれた人が「ハイ！」と元気な声で返事をし、「羽毛布団の製造販売をいたしております、株式会社菱友の柏田でございます～」と自己紹介をしたのです。

これが「誘因」で、A氏（布団販売会社）と商談するきっかけになり、年商一〇〇万円の取引先が三億円に伸びたのです。

商いは総合力です。品質、生産能力、接客力、クレーム処理能力などが欠かせません。ただ、柏田社長の、「ハイ！」が売上アップのきっかけになったのは事実です。

③ 一〇〇人の中で自分だけを印象づける法

参加者一〇〇名の自己紹介で九九名はどうしても思い出せない

某企業に勤務する知人A氏と一杯飲む機会がありました。一通り情報交換を終えた後、興味ある報告を聞いて、「!」が点灯したのです。骨子は、左記のとおり。
「研修で東京に行きました。初日に参加者一〇〇名の自己紹介がありました。以来一か月。いま振り返って、一名は鮮明に覚えていますが、他の九九名はどうしても思い出せない」と。

専門がコミュニケーションの私です。また、自己紹介に異常に執着する私です。この報告を黙って見逃すことはできません。私は、「面白い話ですね。もって詳しく話してくれませんか?」と食い下がったのです。

思いの法則・地元の愛唱歌「北上夜曲」で勝負

ほとんどが自己紹介で、企業名、出身地、所属、名前を淡々と羅列する中で、たった一人Z氏だけが、彼の出身地、岩手県の名曲、北上夜曲を歌ったのです。しかも三番まで。いいですか、全国各地の勤務地から集まった研修の場での自己紹介で北上夜曲を歌ったのですよ。A氏は、Z氏の大胆さに驚いたそうです。でも、Z氏は周囲の戸惑いをまったく気にせず、三番まで歌いきったのです。「最初は可笑しくて吹き出しました。「ようやるなあ」と関心しました。でも、最後は感動でした」とA氏。

「二番、三番と聞いている間に気持ちが変化していったのです。そして深い感動を味わいました。彼の歌を聞いて、Z氏が心の底から、北上市や北上川を愛していることが、彼の表情、ことば、態度から伝わってきたのです。それに引き換えて、自分はどうか、どこまで地元を愛しているだろうか」と、強い自責の念が湧いてきましたと語ったのです。

打つ手は無限、強みで勝負

自己紹介の効果は、ことばだけに依存するものではありません。自分を知ってもらう方法は無限にあります。まして、自らの存在価値を強調する自己紹介です。しかも、時間は限られています。「趣味」「強み」「特技」などで大いに自己PRすべきです。歌が上手な人は、歌で勝負する。踊りが好きなら、踊ればいい。私は、日本舞踊が大好きな男性の友人が、酒席でいつも好んで踊っていたことを覚えています。かつて、カタリスト研究所のイベントで、パントマイムを披露した人もいました。

普段から、好きを育て、意外性に富んだ自己紹介を仕込んでおくことです。その努力がチャンスに活きるのです。

4 一言も話さないで自分を強烈に印象づける法

「?」の法則

これまでの人生経験で理解不能なことに遭遇することがあります。頭の中に「?」が点灯し、しばらく思考停止に陥ります。やがて、正常に戻って、回答を求めて相手に接近し、質問するのです。

さて、この「質問する」ですが、自発意志で質問していることは間違いないのに、ひょっとすると、質問するように誘導されたのかもしれない、と考えてしまうのです。

話したい話題について、質問を受けると話しやすいし、質問者も聞かざるを得ないじゃないですか。仮にそうだとすると、実に巧妙な仕掛けで、「上手いなあ」と思ってしまいます。

大勢の視線を釘づけにする歩く広告塔―読む社名でなく、見る社名の効果

平成九年四月二四日、福田社長とはじめて会った場所は、広島駅の新幹線出口、「金の鈴」が飾ってある場所でした。

電話でアポイントを申し込んだ後、「お互い初対面です。目印が必要ですね」と相談したところ、「いや、私は一目でわかります」と福田氏。実際に一目でわかりました。

黒の背広上下、背広襟元の下に、銀糸で左から右に△□○の刺繍が施してあったのです。目分量で一文字約十センチ位。それも念が入ったことに、カッターシャツのボタンも△□○印でした。私の頭に「?」が点灯、「△□○の意味を教えていただけませんか?」と、質問してしまいました。答えは、△を「ミ」、□を「ヨ」、○を「マル」で、「ミヨマル」は社名です。

福田社長が大勢の人が集まる場に出席すると注目を集めます。街を歩いていると、あちこちでこちらに視線を向けてひそひそ話をします。大勢の視線を釘づけにする歩く広告塔なのです。

視覚効果に聴覚効果が加わって相乗効果

さらに、福田社長が人と出会えば、元気な声であいさつを交わし、「はい!」と返事する。一度出会った人に、目と耳の双方から強い印象を与えます。

福田氏によると、「元気な声で『はい!』とあいさつすることは相手に気を発していることです。△□○の看板を背負い、『はい!』の挨拶を続けるようになって、自分が変わった。自分が変わると、つき合う人が変わり、人生まで好転した」そうです。

△□○の事例は、一般的な自己紹介のイメージから逸脱しています。しかし自己紹介は、態度、声、表情、服装、歩き方、立ち方など、総合的なプレゼンテーションで、意外感に訴えるほど聞き手に「?」を与えます。質問で説明の機会が生まれ、商談を有利に展開できます。

5　九〇秒の自己紹介法で講演依頼をゲットする法

物語の法則

私が「九〇秒自己紹介」をはじめた経緯については、すでに述べました。異業種交流会に参加し、主催者に請われて自己紹介を実施し、結果、聞き手を動機づけ、講演依頼をゲットする、こんな構想を描いていました。

効果は想像以上でした。私は、関西言論科学研究所で十分なトレーニングを受けていました。集客を目的に、人前で自己紹介を実践することは、ライバルと差別化できる最たる手段でした。

少しでも　自己紹介を聞いていただければ、これまでの自己紹介と違うことがわかります。

夫婦の会話を漫談風に表現することで講演依頼を呼び込む

私の強みは、厳しいトレーニングで養った自信と表現力です。

カタリスト研究所の設立当初は、家庭の話し方に焦点を絞って、夫婦の会話を漫談風に表現することで講演依頼を呼び込んでいました。

九〇秒は短い時間です。全体をシンプルに、嫌われる説明を避け、夫婦の会話だけで楽しんでいただける構成にまとめました。

紙面の性格上、全貌をお伝えできないのが残念です。読者の皆さんとお会いできる機会をつくって、披露させていただこうと思っております。

訴求したのは、私は話し方の専門家

私が常に心がけていたことは、「近藤三城は話し方の専門家、講演を依頼すれば、少々のアクシデントがあっても安心して任せることができる」と信頼してもらうことでした。

持ち時間九〇秒の中で、社名と名前以外のすべてのことを物語化する、そして、楽しい、面白い、まったく次元が違う自己紹介を実感いただいた、それだけで講演依頼が発生したのです。

チャレンジ精神は永遠に必要

販売不振で悩んでいる人に、自己紹介の集客効果をお伝えすると、「それは近藤さんだから、講演が仕事だから」と逃げる人がいます。

まったく考え違いです。その人にやる気がないだけです。チャレンジ精神の欠如です。

新しい販売手法も人がマネし、いつか効果が落ちます。常に新しい方法を編み出していかないと競争を制することはできないのです。

⑥ 三〇秒自己紹介法で自己を印象づける法

メラビアンの法則

アルバート・メラビアン博士（米）の調査報告（「メラビアンの法則」）を読むと、聞き手は、実際は目でも聞いていることがわかります。

この調査結果で、自己紹介効果を高める優先課題に、影響力五五％の「視覚戦略」が浮かびあがってくるのです。

【メラビアンの法則】

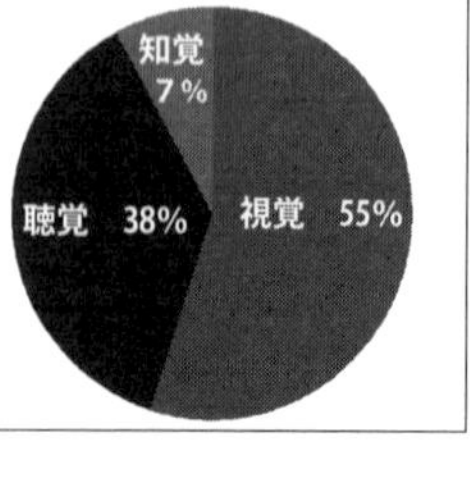

視覚戦略

ある公共団体が主催するプロジェクトチームの打合せ会の席上、参加者四〇名全員の自己紹介がスタートしました。私は、自分なりの方針を立てました。

「専門家らしく、他の誰よりも短く効果的な自己紹介をやろう。全体の時間から参加者数を割ると、一人の持ち時間は約三〇秒。しかも、いま立っている場所とマイクの位置は離れている。往復の時間を差し引くと、時間は約二〇秒。名前に的を絞ろう」と、基本方針を決めたのです。

司会者が「近藤さん」と私の名を告げると、「ハイ！」と大きな声で返事をしました。「ハイ！」

の返事に全員が私に視線を向けたのです。

それまでは、全員が名前を呼ばれて、黙ってマイク前に進み、小さな声で、自己紹介をしただけです。初めて、私が大きな声で、「ハイ！」と返事したものだから、全員が私に注目したのです。

近藤式自己紹介法

全員の視線を浴びながら、センターひな壇に設えられたスタンドマイクに向かって歩きます。私の歩き方、歩くスピード、姿勢、目の輝き、背中などがある種のメッセージを発しています。マイク前に立った私は、全員の視線を集めて、明るく大きな声で、「皆さん、今晩は〜」と、笑顔であいさつしました。続いて、丁寧に頭を下げます。

次に、頭を下げるときよりも、ゆっくりと顔を上げて、静かに話し出すのです。

「カタリスト研究所の近藤三城でございます。ちかいふじと書いて近藤で、数字の横三に大阪城の城と書いて、さんしろうでございます。どうかよろしくお願い申し上げます。現在、ことばと人間関係を科学するをテーマに、企業研修の仕事をさせていただいております。（ここでにっこり笑って、右手人差し指を高々と掲げて）もう一度申し上げます。近藤三城です。よろしくお願いいたします」。再度、頭を下げました。こうして、自己紹介は終わったのです。

短い時間では、視覚戦略を使った自己紹介が有効です。

7 衆議院選挙で連続当選する法

理解しにくいことばに出会うと、そこで思考停止

話し手は、自分が話す内容について、十分理解しています。自分の思い、考え、体験だから当然のことです。また、何回も同じ自己紹介を繰り返していれば、自分のものになってきます。

しかし、聞き手は違います。はじめて耳にする自己紹介です。集中して聞いていても、理解しにくいことばに出会うと、そこで思考停止になってしまいます。まして、短い時間差で繰り返される自己紹介のすべてに全神経を集中すれば、疲れてしまいます。

うふふの法則

そこで、聞き手の心理を考慮して、気軽に聞けて、楽しい自己紹介戦略が必要です。

かつて、衆議院に越智通雄先生という議員がいました。毎回ダントツでトップ当選、連続当選を果たした常連議員で、衆議院議員八期、第四一代、第四四代経済企画庁長官を務めあげた人でした。

越智氏の選挙演説が面白い。「上から読んでも『おちみちお』、下から読んでも『おちみちお』、中に『み』のある『おちみちお』です」と、選挙カーで連呼します。名前をひらがなで書くと回文

になる面白さと、リズムカルな演説に思わず、「うふふ」とほほ笑んでしまいます。これで激しい選挙戦を優位に戦えるのです。

もう一つ、「うふふの法則」に欠かせないポイントがあります。それは繰り返すことです。同じことばを何度も繰り返します。一般に、「繰返しは定着する」といわれていて、繰り返すたびに一定のことばが浸透していくのです。

繰返しが重要であることに気づいてもらう

私が講師を務めている管理者セミナーは、一日六時間です。長時間ですから、途中で休憩や気分転換を行います。次のゲームもそうです。

「はい、お口クチュクチュ、次はなんですか?」と聞いてみます。するとほぼ全員が、「モンダミン」と答えてくれます。

「じゃあこれは」といって、「自社の経営理念?」と質問します。残念ですがほとんど全滅です。誰も答えられないことを確認した後で、「なぜ、前者はできて、後者はできないのかな?」と続いて質問します。

すると、「前者は何度も繰り返し聞いているから」と答えてくれるのです。これは部下を指導する立場の管理者に、繰返しが重要であることに気づいてもらうための参加型ゲームです。

「❹ 異発想のマーケティング法」のまとめ

できるビジネスパーソンは、左記の「六法則」のように、「自分流・初対面の相手を自分に引き寄せる技」をもっています。

ここから情報交換をスタートし、説得点を発見するのです。

聞き手の心に「オヤッ」「!」「?」のシグナルを灯す自己紹介の六つの法則です。

(1)「強い意志」の法則
(2)「思い」の法則
(3)「?」の法則
(4)「物語」の法則
(5)「視覚」の法則
(6)「うふふ」の法則

❺ 自己紹介のシナリオづくり―自分の強みを活かす

1 あなたの強みってなに

自分の強みを知る

「あなたの強みはなんですか?」と突然尋ねられて、「私の強みは○○です」とスラスラ答えられる人は少ないようです。自分自身のことだけに、結構、わかっているようでわからないのが自分の強みです。

でも、自分の強みを知らないのは、羅針盤のない船のようなものです。これでは困ります。その場合は、後述する「自分の強み発見シート」を参考に考えてください。「俺の強みは○○だな」とつかむことができます。

また、知人友人に教えてもらうのも、有効な方法です。

自分をよく知っている人に聞いてみる

ある印刷会社の営業部にA氏が勤務していました。競合になっても、粘り強い価格交渉を続けて、注文を取ってくるやり手の営業です。

一方で、外注費のコスト削減に力を入れる発注側が増えてきました。三社見積り、一社購買を徹底し、コストダウンを図っています。

A氏は、競合相手の営業がどの社の誰かをつかんで、少し低い価格で競争を勝ち抜いてきました。A氏自身も、「俺の強みは価格交渉力かな」と思い込んでいたのです。

たまたま得意先の社長と一杯飲む機会があって、その席上で「私の強みを教えていただけないですか?」と聞いたことがありました。すると、「キミの強みは元気だよ。これまで、キミの元気な『まいど』にどれだけ勇気づけられたことか」と社長。

得意先の社長に聞いたA氏は、はじめて自分の強みに気づいたのです。

機会あるごとに聞いてみる

人に聞いて強みを教えてもらうのは、有効な方法です。ただし、一人でなく、何人もの人に聞いてみることを勧めます。聞けば聞くほど、絶対的な強みがわかってきます。

次の課題は、強みの表現方法です。これも人に教えてもらいましょう。一対一の商談の場でも、相の反応があったときに、「どうして興味をもたれたのですか?」と聞いてみることです。すると、いままで気づかなかったことがわかってきます。

このように、自分の強みを聞いて教えてもらう、自分の強みの表現方法について教えてもらうのです。このような試行錯誤を続けることで、社会で通用する強みがわかるのです。

② 自分の強みを発見する

自らの人生体験の中から絶対的な強みを探す

現代は、独自性で競う時代です。それも、できるだけわかりやすい独自性がよいのです。「横断歩道、みんなで渡れば怖くない」的な発想では、自己紹介のチャンスがあっても、大勢の中に埋没してしまいます。

自らの人生体験の中から絶対的な強みを探すのです。まず、もっとも時間とエネルギーを投じた中から、平凡の中の非凡を見つけてください。

強みは日常の中に幾らでも見つかる

次の文章は、強みづくりの参考になります。

「あなたもいまの会社で自分を磨きUSPをつくろう。例えば、私は、誰より早くきれいにコピーが取れる。でもコピー取りで独立するんじゃない。効果的なコピーの取り方を紙に書く。それがマニュアルになる。何かをやって上手くいったら紙に書く。この作業を繰り返していく。キングジムの一〇センチのファイルに入りきらなくなるまでになったら、独立の時期かもしれない」(「凡人の

逆襲」 神田昌典 平秀信 著 オーエス出版社)

右記の「独立」を「専門」や「強み」に置き換えてください。普段何気なくやっている仕事の中に、発想を変えるだけで、強みの源泉が眠っていることに気づいてください。

【自分の強みを発見する】

Ｑ１～４の問に答えてください。

自分の好き、特技、強みが見えてきます。

その中で、一番を探してください。その一番をさらに磨いて、会社一番、業界一番に高めてください。

◆Ｑ１　あなたの趣味はなんですか？

○○を見る　○○を聞く　○○をする　○○を読む　○○を書く　○○へ行く
（映画鑑賞　音楽鑑賞　旅行　スポーツ　読書　自己啓発　絵画　その他）

◆Ｑ２　あなたの特技はなんですか？

○○の販売　○○の制作　○○の計算　○○の関係　○○の資格
（国家資格　専門資格　専門技術　専門知識　特殊体験　その他）

◆Ｑ３　あなたの強みはなんですか？

人間関係力　説得力　想像力　創造力　指導育成力　健康　体力　忍耐力
持久力　発想力　機転が利く　逆境に強い　チャレンジ精神　理解力

◆Ｑ４　あなたの会社の強みはなんですか？

設備力　生産力　企画力　販売力　優良顧客　資本力　接客力
商品力　技術力　信用力　システム構築力　特許　ノウハウ

③ 自分の強みをわかりやすく表現する

事実の世界とことばの世界

自分の強みがわかったら、次の課題は表現力です。気軽に聞いていても、自己紹介者の強みが直感的に伝わる表現法を工夫してください。

私たちの周囲では、さまざまな出来事が起こっています。これを森羅万象（宇宙間に存在するすべてのもの）といいます。ほとんどの人が、すべてをことばで説明しようと試みます。それは、ことばの力を過信しているもので、ことばを過信した結果、わからない説明になってしまうのです。

私たちの世界は、「事実の世界」と「ことばの世界」の二つの世界で成り立っています。そして、ことばで表現できるのは、事実の世界の一部でしかないのです。ことばは、事実でなく、単なる記号に過ぎないのです。（詳しくは、「部下をイキイキ動かす管理者のコミュニケーション術Q＆A」近藤三城著　セルバ出版をご覧ください）

実物提示で五感に訴求する

目的は、九〇秒の自己紹介で、優良顧客を見つけて商談につながるきっかけをつくることでした。

そこで、自分自身を実物提示し、相手にわかってもらうのです。前ページで述べた、「事実の世界」と「ことばの世界」を踏まえて、「視覚」と「聴覚」の視点でシナリオを考えます。

視覚に訴求する

人は、耳で聞いた話よりも、目で見た事実を優先する傾向があります。自分の姿を聞き手に見せるだけで、大体のことは相手に伝わるものです。誇張も卑下も無用で、等身大の自分を伝えることが可能です。そこで、「服装」「態度」「表情」「歩き方」「座り方」などをもう一度見直しませんか。少し注意するだけで、高い評価を得られるようになります。

聴覚に訴求する

ことばで、「事実の世界」のすべてを伝えることは不可能と述べました。そこで、自己紹介で訴求内容を自分の強みだけに限定します。そして、他をすべて捨てるのです。（参考・引き算話法）

私のスピードなら、九〇秒で僅か四五〇文字です。その文字数に、「姓名」「会社名」「強み」「方法」「理由」を当てはめます。

また、待機する場所と自己紹介の場所が異なる場合は、往復の移動時間を加味しなければなりません。必ず話す内容と割愛してよい内容を決めておくことです。

4 自分の強みを聞き手の海馬に焼き付ける

聞き手の興味を喚起する

海馬《かいば》とは、脳の記憶に関わる器官で、とても重要な部位です。この海馬に、自己紹介で自分を強烈に印象づけます。それには、聞き手の興味を喚起することです。

まず、「つかみ」で聞き手を魅了し、最後まで離さない工夫が必要です。短い自己紹介です。最初から全力疾走です。終盤になって興味をもたれても遅いのです。

つかみの重要性

以前、ポール牧という芸人がいてコントをやっていました。「指パッチン」で一世を風靡した人で、テレビ、寄席にずいぶん登場していました。

ポール牧師匠が、「つかみ」についてテレビで語ったことがあります。

「私が舞台に登場するでしょう。拍手喝采です。お客さまは固唾を飲んで見ていますよ。そのときわざと転ぶんです。客席は大笑いです。人は、いったん笑うと心がオープンになって、後のコントが受けるんです」と。芸人の世界は、お客さまがどれだけ笑ったかで評価されます。そのために転ぶんです。そりゃあ痛いですよ。でも、これでキャラが上がり、出演依頼も殺到です。命がけです。

「礼」の仕方で聞き手の興味をかきたてる

ポール師匠は、自ら転ぶことで芸人としての存在をアピールしていました。

私は、自己紹介で次のことを心がけています。それまでの流れ、タイミングを意図的に崩すことです。たったこれだけのことで、自分の存在をアピールし、話の本題に入るまでに興味をかきたてるのです。仮に、私の順番が五人目だとします。すると、私の自己紹介までに、すでに四人が終えています。私の番になりました。私はゆっくり礼をします。この礼だけで目的達成です。頭をゆっくり下げて、上げるときは下げるとき以上にゆっくり上げます。このときすでに皆さんは、私の一挙手一投足に釘づけで、私をじっと見ていますよ。これでこれまでの流れを崩したことになります。たったこれだけの動作で、聞き手の興味は私に向いてくるのです。

「字義的な説明」でさらに興味をかきたてる

私は、必ず三度、私の名前を繰り返します。最初に「近藤三城」です。次に、「近い藤と書いて近藤、数字の横三に大阪城の城と書いて近藤三城です」と三度です。

「この人は違うぞ」と印象づけて、本題の物語に引き込んでいくのです。

5 自分の強みを活かすための事前準備

三分間の話は一週間の準備が必要

江川ひろし氏は、著書の中で、三分間スピーチについて事前準備の大切さを述べています。

「一時間の話が一日の準備でできるとするならば、五分間の話は三日間、三分間の話は一週間の準備が必要かもしれません。一時間の持ち時間があれば、途中横道にそれる余裕もありますが、三分間ではひと言も無駄なことを言っている時間の余裕はないのです。はじめから終わりまで練りに練り、計算され尽したものでなければその間に自分の考えを言い尽すことはできません」(「話し方のバイブル」江川ひろし著、サンマーク文庫)。

九〇秒自己紹介に欠かせない三種類の準備

話す時間が短くなると準備時間は長くなる——江川先生の意見は、意外かもしれませんが、これが専門家の常識です。三分間で誰もが納得する話をするには、一週間の準備が必要です。九〇秒はもっと時間を要します。最短で二週間、できれば一か月の準備が必要です。

カタリスト研究所では、自己紹介の事前準備に、二週間〜一か月、これを「日常の準備」といいます。次に、自己紹介前日の、「前日の準備」、そして「当日の準備」を三種類の準備として実践を義務づけています。

その準備で次の①～④を頭の中でリハーサル

その準備で、次の①～④を頭の中でリハーサルします。①はシナリオの内容、②は表現方法、③はつかみ、④は自己紹介マインドです。現実の社会は、リハーサルのない本番の連続です。そして、①～④を毎回、何回も繰り返すことで、一回目より二回目、二回目より三回目と少しずつ自己紹介の精度を高め、成功の確率を上げていくのです。最初から効果を狙う、この意欲は尊重します。しかし、現実は厳しい。それよりも、継続は力なりで、繰返しが大事です。

①何を話すか（自分の強みとは何かを知る。その理由と方法を明確にする）
②どう話すか(体験から抽出した問題解決の法則とは何かを知る。その理由と方法を明確にする）
③聞き手をどう動かすか（①②を聴衆に伝えて動機づける方法を体得する。その理由と方法を明確にする）
④①②③の結果を受けて（自らの自己紹介が、聴衆とともに幸福になれるレベルにあるかどうかを実践し、結果で検証し続ける）

❺「自己紹介のシナリオづくり―自分の強みを活かす」のまとめ

お客さまは、好意をもった相手、メリットを提供してくれる相手を選んで取引を行います。

ことばを変えると、本人以上にその人の強みを知っている可能性が高いでしょう。

早速、懇意なお客さまに「私の強みは何ですか?」と聞いてみることを提案します。

聞く人数が多いほど、等身大の自分の強みを知ることができます。

さて、次の課題は、教えていただいた自分の強みをどう表現するかです。

カギは、見せ方で、目標に直結する最高の演出方法を編み出してください。

これも最短距離は、第三者の協力を得ることです。近藤三城は、いまでも周囲の人に協力を依頼し、もっとよい方法はないかを探しています。

❻ 自己紹介のシナリオづくり—自分の名前を活かす

1 「あいさつ〜名前」の披露が最初の関所

「あいさつ〜名前」を披露し、聞き手の心をグッとつかむところは、最初の関所

自己紹介で、お客さまをゲットするためにクリアしなければならない課題は、幾つかあります。その数ある課題の中でも、この章で述べる「あいさつ〜名前」を披露し、聞き手の心をグッとつかむところは、最初の関所です。

この導入部を自然体で丁寧にはっきりと、しかも自らの方針も織り込んで毅然とした態度で話せるかどうかで、あなたの第一印象が決まってしまうからです。また、この自己紹介が縁ではじまる交流相手の格までをも決めてしまう大切なところです。

その理由は、すでに述べた自己紹介の聞き手率が一〇〇％の影響です。

自己紹介を聞かない人はいません。一応、話を聞いてくれます。その結果、「この自己紹介はすばらしい。是非名刺交換をしよう」と思うか、「この自己紹介はつまらない。このまま黙っていよう」と考えるかに別かれるのです。

聞き手率一〇〇％とは、訪販事例と比較するととても恵まれた条件ですが、逆に厳しい一面ものぞかせているのです。

第一印象の大切さ

だってそうでしょう。大勢の人が見ている前で行う自己紹介です。「態度」「服装」「歩き方」「姿勢」「返事の仕方」「表情」「話し方」「自己紹介の内容」のすべてをさらしているのですから。

この自己紹介によって、聞き手の視覚、聴覚、知覚（話の内容）の視点から、自己紹介者の「モノの見方と考え方」「積極的か消極的か」「好きか嫌いか」「接近するか無視するか」などを判断し、その後の動きも決めてしまうのです。

現実の認識は極めて甘い

私は、現実に、大勢の人が集まる場で、集客に結びつけてきました。

私以外の人でも、自己紹介をきっかけに商談の機会をつくり、互いにハッピーな関係を築こうと考えている人が大勢いるのです。

でも、ここまで考えて、自己紹介に臨んでいる人は、まだまだ少ないように思います。

それは単に、自己紹介の役割を、固い雰囲気を和やかにするツールと考えているのです。それはそれでとても大切なことに違いはないのですが…。

2 使い慣れたことばでスタートする

自分の型を決める

人が集まると必ず行う儀式が「自己紹介」です。自分自身を知ってもらうために欠かせないからです。自己紹介で、知らない人に対して不安感が解消し、親近感が芽生えます。

そこで、カンタンで誰でもでき、「オヤッ」と思ってもらえるコツをお伝えします。それは、使い慣れたことば、しかも使い慣れた表現でスタートし、自分の名前を自然体で言い切ることです。(後述の「文字の説明」参考)

経験者でも第一声は緊張しますから、できるだけ精神的に負荷をかけない方法を選んでいます。昼なら、「みなさんこんにちは、近藤三城です」、夜でしたら、「みなさんこんばんは、近藤三城です」でスタートします。

使い慣れたことば、使い慣れた表現でスタート

「みなさん○○○○、近藤三城です」は使い慣れたことばです。このように最初のことばを選ぶことで、肩の力を抜いてスタートできるのです。経験が豊富な私でも、最初のことばを慎重に選び

ます。つまずくと後に悪影響が残るからです。逆に経験の浅い方は、普段、使い慣れないことば、使い慣れない表現を使って余計に緊張するのです。

中には、これまで一度も使ったことがない丁寧語を使おうとする人がいます。そんな危険を冒すから緊張し、失敗してしまうのです。使い慣れたことば、使い慣れた表現でスタートし、自分の名前につないでいくのです。「今日は快調。気分がいいぞ」と自分で自分を乗せるのです。リラックスするとその人本来の人間味が出て、聞き手が、「オヤッ」と思うのです。

第一印象は一回きり

最初の印象を「第一印象」といいます。好ましい第一印象を与えるのと与えないのでは、その後の展開に雲泥の差が生まれます。

ほとんどの人が、自己紹介の役割や方法を学ばないし準備もしません。その結果、思わしくない印象を与えてしまいます。いったん与えてしまった印象を後で改めるのは大変です。

十分な準備をしておけば、よい自己紹介ができるのにとても残念です。声を大にして断言します。ぶっつけ本番の自己紹介でよい第一印象を与えることはできません。

準備をしない人に限って、自己紹介は無意味だと力説します。これは、私は準備をしないで自己紹介を行っていますと自己宣言しているに過ぎないのです。

③ 名前とビジネスを結びつける

名前と仕事を関連づけて短いことばで紹介する

名前と仕事を関連づけて、自分を強く印象づける方法です。名前（文字）から想像できるイメージを、自らの仕事と関連づけて短いことばで紹介する方法です。

基本形は、次のようになります。

「みなさん、こんにちは。私は△□◇☆です。△は〜、□は〜、◇は〜、☆は〜で、△□◇☆です。どうかよろしくお願い申し上げます」。

この「△□◇☆」に一番ぴったりのお気に入りの意味を添えればよいのです。

森さんの場合

「森」の字は、三本の「木」が集まってできています。そこで、「木」を想像してみます。「木」は、炭酸同化作用で、私たち人間に必要な酸素を供給してくれています。

しかも、その「木」が三本もあります。健康関連や環境関連の仕事に従事している人には説得力があります。

大橋さんの場合

大河に「橋」が掛っているイメージです。こちらと向こうをつなぐ仕事です。外交官、商社関係など、異文化をつなぐ役割を担った仕事、あるいは鉄道、バスなどの交通関係に従事する人に最適です。

栗田さんの場合

「栗」から食料を連想できます。また「田」が加わって、地域、土台、システムなどのイメージが湧いてきます。食料の生産、加工、販売、流通などの仕事に従事している方、また栗から勝ち栗を連想できるように、縁起を担ぐ職業の方に最適です。

杉山さんの場合

杉の木は、天に向かって真っすぐ伸びるイメージです。仕事に取り組む姿勢と関連づけるといいですね。「杉山です。杉の木にあやかって、この道一筋に邁進したいと思います」と話すと、名前から仕事に打ち込む誠実さを印象づけることができます。

また、仕事の紹介と同時に、その特徴、素晴らしさ、仕事で起こった問題や解決方法などを具体的に話すと、より親しみが湧いて、あなたの人柄を印象づけることができます。

4 名前に全人格が宿る

素直に、自分の名前の素晴らしさを伝える

自己紹介で自分の名前を卑下する人を見かけます。

「私は○○です。つまらない名前です」という人です。

謙遜しているのか、ある種の受けを狙っているのか、また、自分の名前を本当に嫌っているのか、その真意はわかりません。

でも、どんな理由があったとしても、自分の姓名を蔑むことは止めたほうがよいのです。聞いていて少しも楽しくないし、その人を好きになれません。まして自分の名前を卑下する人と親しくなりたい人はいません。

どんな名前でも自分の名前は尊いものです。

試しに自分の名前を卑下した人に、「あなたの名前は本当につまらない名前ですね」と確かめてご覧なさい。その一言が原因で、相手との人間関係は確実に悪くなるはずです。

自ら自分の名前が悪いといっている人も、他人から指摘されると気分を害します。どんな名前でもその人の全人格が宿っているからです。

素直に、自分の名前の素晴らしさを伝える努力をしたほうがよいでしょう。

名前に込められた親の思いを知ると名前を尊ぶようになる

一見、平凡に思う名前でも、その名前をつけた親は、子供の幸福を願ってつけています。その親の思いを知ることで、名前を卑下しなくなります。

「私は○○○○です。△△の思いを込めてつけてくれました。現在の私があるのは親のお陰です。感謝です」と現在思考で話すと、好感をもってくれます。

また、名前の意味が重すぎてプレッシャーを感じている人もいます。その場合は、「私は○○○○です。△△の思いを込めてつけてくれました。将来、名前に相応しい人間になれるよう努力するつもりです。ありがとうございました」と未来思考で語ればよいのです。

この場合も、周囲は温かいまなざしで見守ってくれます。

名刺に人格が宿る

自分の名前に全人格が宿ると同時に、その人が使っているものにもその人の人格が宿ります。これを拡張自我と呼びます。したがって、名前と同時に持ち物を尊重することです。

5　文字の説明

姓名の漢字を説明する

シナリオづくりで最初の課題が、「名前」です。自分の姓名がもっとも大切だからです。

さて、この名前ですが、冒頭のあいさつに文字の説明を加えると、聞き手に与える印象がまるっきり違います。「この人は他の人と違う」と思ってもらえます。

例えば、「武田洋」という姓名の場合は、次のように表現します。

「私は、武田洋（たけだひろし）と申します。武田は、武士の武と、田んぼの田と書いて武田。洋は、サンズイに羊と書きます」。

このように文字の説明をするのは、自分の姓名を、聞き手に間違いなく知ってもらうために必要で、仮に、「武田」を「竹田」に、「洋」を「寛」「宏」「弘」「浩」「博史」「博」「広」「大」「紘」「弘志」に勘違いされては困るからです。

とくに、日本語には、音は同じなのに文字が異なる、「同音語」と、音がよく似ていて間違いやすい、「類音語」があります。

書きことばは目で確認できますから大丈夫ですが、話ことばは要注意です。

全国で多い名字の紹介法

「佐藤」「鈴木」「高橋」「田中」「渡辺」は、全国でもっとも多い名字の代表格です。その中で、佐藤姓は、全国で一番多い姓名といわれています。

そのせいか、「私は佐藤です。平凡な名前です」という人がいます。「平凡な名前」でなく、同姓が多いことで起きたエピソードを自己紹介に加えたらいかがですか。

例えば、「私は佐藤です。ある集まりで名前を呼ばれたら、同時に四人も立ちあがりました。思わず場が和やかになりました。お陰でその人たちとも親しくなりました」と、紹介すれば、印象度が違ってきます。

英語に置き換える

漢字はもう一つという方は、表現の仕方を英語に置き換えるのも一考。知人の「大熊富男」さんは、自ら、「ビッグベア・リッチマン」と名乗っています。「三城」なら「スリーキャッスル」です。表現を漢字から英語に変える、たったそれだけの工夫で笑いを誘うギャグになります。

ただ現実は、最初から英語名を使うと、感覚的に受け入れない人がいるのは事実です。まず、先に日本名を名乗って自己紹介を進め、タイミングを計って、しかも笑いながら英語名を披露すると、それが笑いを呼んで、楽しい自己紹介ができます。

6 珍名さんはとっても有利

優雅な世界を感じさせる珍名さん

私は、ある時期、関西の一流ホテルで専属司会者をしていました。そのとき多くの珍名さんと出会いました。はっきりいって、珍名さんはとっても有利だと思います。

珍しい名前ですから、すぐ覚えていただけるのです。また、解釈次第で、よい印象づけができます。

かつて、「たかなしです」と自己紹介した人がいました。私は、てっきり「高梨さん」と思っていました。知人に「高梨さん」がいた影響です。

後日、資料を郵送したら、本人不在で戻ってきました。電話で確認すると、「小鳥遊」と書くそうです。自宅の表札は「小鳥遊」です。「高梨」では戻って当然です。

「たかなしです。小鳥が遊ぶと書きます。天敵の鷹がいないから、小鳥が安心して遊べるのです」と紹介すれば、楽しいし、印象度が違います。聞き手が間違えることもありません。

珍名といえば、「やまなしさん」とも出会いました。「山梨」ではありません。「月見里」と書くそうです。山がないから月見ができる、ですから、「やまなし」です。

この「月見里さん」「小鳥遊さん」と同じように、名前から優雅な世界が連想できませんか。

縁起のよい珍名さん

富裕層の代表のように縁起のよい姓の人がいます。金持さんです。文字のとおり、かねもちと読みます。「私は金持ちです。お金をたくさんもっているという意味でなく、名前が金持ちです。縁起がいい名前だから、是非名刺をいただきたい。財布に入れて大事にしますと言われます」と話します。

天然現象の代表のような珍名さん

太陽さんという人がいます。この人が次のような自己紹介をしたらどうでしょうか。「私は太陽と申します。将来は、太陽の名にあやかって、人に与えるけれど何も求めない、そのように社会貢献ができる人になりたいと思っております」。

誰もがニコニコとえびす顔で名刺交換するのではないでしょうか。

職業に関係する珍名さん

煙草屋さんという人がいます。「たばこや」と呼ぶそうです。

「私、煙草屋です。職業は○○です」こんな自己紹介、楽しいですね。

7　知名度の高い何かと結びつける

姓名をどう印象づけるか

自分の名前を早く覚えてもらう早道は、歴史的、社会的に知名度の高い人に結びつけることです。武田なら、「武田信玄と同じ武田です。一郎は大リーガーの一郎です」と。このように聞き手がよく知っている人に結びつける、とよい印象づけができて、早く相手に覚えてもらえます。

誰に結びつけるかは、聞き手の「年齢層」「地域性」などで違ってくることを考える必要があります。ここでは、姓名をどう印象づけるかに絞って説明しています。実際は、前述の「5」の「姓名の漢字を説明する」で紹介した字義的な説明と併用して使用する場合が多いです。

年齢層で表現方法を考える

武田さんが高齢者に自己紹介する場合は、「武田信玄の武田です」でいいですが、仮に、二十～三十代の若い人を対象に自己紹介する場合は、「武田真治の武田です」と述べたほうがわかりやすいかもしれません。

武田信玄は歴史上の大人物ですが、それよりも、同世代で俳優の武田真治氏に親近感を感じる人が多い場合があるからです。

地域で表現方法を考える

山梨県内で自己紹介をする場合は、地元の英雄「武田信玄の武田」を優先するほうが無難でしょう。私、近藤三城も、関西では、「大阪城の城と書いて～」、東京だと、「江戸城の城と書いて～」と使い分けています。

そのほうが親しみをもって受け入れていただけるからです。

自らの選択基準を決める

知名度の高い有名人はいっぱいいます。日本から世界へ、現在活躍中だけでなく、故人も含めると数え切れない数になります。

この膨大な数の中から、まず、あなたの同姓同名の人を探してみます。インターネットで検索すればカンタンです。次に、自らのイメージにぴったりの人を選んでください。現在、ぴったりの人、将来、こうなりたいと思っている人を…。

また、同じ職業で憧れの先輩と関連づける、地域の英雄にあやかる、職業や地域は違うがその人の生き方や思想を選択の基準に据えてみるのです。

⑧ 忘れられないコツは、名前を三度繰り返す

出会ったきっかけで、その後も相手の心の中に生き続ける

たった一度、その人に出会った。それがきっかけで、その後も相手の心の中に生き続けて、街で偶然会ったときに、「○○さん」と声を掛けてくれる、また、何年か経ったある日、突然、仕事の依頼が入る——こんな自己紹介の方法に興味が湧きませんか、その方法を知りたいと思いませんか。

繰返しは定着する

「繰返しは定着する」という名言があります。かつて、関西言論科学研究所で学んだことばです。あることばを決めて、このことばを意図的に繰り返すと、相手の中で定着し、忘れないようになる、このような意味です。

斉藤一人さんの本に感動し、「ついてる」ということばを繰り返している人がいますが、同じ繰返し原理です。将来の成功を夢に見て、現在、やれることは何かと考え、「ついてる」を連呼しているのです。

さて、人間にとって一番大事なことばは、「自分の名前」です。ですから、自分の名前を意図的

に繰り返すことで、相手に覚えてもらいます。すると相手が自分の名前を覚えてくれて、出会ったときに、「○○さん」と、名前を呼んでくれるようになります。

その自分の名前を覚えてもらう最初のきっかけが、自己紹介です。この機会を最大限に活用して、自分の名前を聞き手の頭の中に焼きつける、そんな習慣をつけておきたいものです。

たった一度の自己紹介に情熱を燃やす

意気投合したその人が急に転勤し、もう頻繁に会えない、こんな事態も人生に発生します。それでも相手の記憶に鮮明に残り、機会を得て再会ということもあります。一回の出会いに情熱を燃やして、最高の自己紹介を演出してください。

一回目に「私は○○○○」と述べ、次に知名度の高い名前と関連づける。最後にもう一度、姓名を述べる、これで三度繰返したことになるのです。

人によって、三度の繰返しは「しつこいかな」と感じて、弱気モードになるかもしれません。でも、自己紹介は自己PRの場です。自分の名前を三度繰り返すことに迷いは不要です。与えられた時間を目いっぱい使いきってください。

堂々と自己の存在を主張してください。さらに、笑顔と元気が加わると、視覚的効果と相乗作用を起こし、好印象が定着します。

「❻ 自己紹介のシナリオづくり―自分の名前を活かす」のまとめ

大勢の人が集う場は、一対一の商談シーンとは異なって、聞き手に警戒心はなく、リラックスしています。その効果で聞き手率は一〇〇%です。

さりとて、話し手は油断してはいけません。スタートで醜態を見せると、その瞬間から、自己紹介を聞いてもらえないからです。まず、名前を活用し、聞き手を魅了するシナリオを用意すること、続いて完全に自分のものになるまで練習を繰返してください。

わずか九〇秒の自己紹介です。スタートで聞き手の心をつかみ、最後まで引きつけて離さない工夫が必要です。「もう終わったの、もっと聞きたいのに〜」、そのくらいでちょうどよいのです。

そして、聞き手が天寿を全うするまで、相手の心の中にずっと住み続けましょう。

近藤三城の事例・一五年後の講演依頼は、このような布石があって実現したのです。

❼ 場面別自己紹介ープロのテクニックを公開

1 名前三回繰返し法の実践

名前を三度繰返し法は点でとらえた効果

前項で、聞き手に自分自身を印象づける前提に、「名前を三度繰り返す」と述べました。もちろん、名前三度繰返し法は極めて効果的です。ただ、それは、あくまで「点」で捉えた話、その場の効果を考えた話でした。

「点」から「線」に、「線」から「面」に

さらに、長期的な視点に立って、計画的に浸透計画を練り上げる過程で、「点」を「線」に伸ばす、加えて「面」に広げる発想が有効です。具体的には、「名前三度繰返し法」そのものをさまざまな場所で三回以上繰り返すのです。

関係者が一丸になって、至る所でこれでもかこれでもかと自己紹介を繰り返すのです。活動エリア内で、大勢が集まる場に積極的に参加し、会社（商品）の知名度を上げて行く戦略です。

脳の権威、吉田たかよし氏も、三回繰返し論の肯定論者です。著書「最強のプレゼンテーション」の中で、違う場面で三回登場したほうがはるかに効率的だと述べています。

テレビのコマーシャルも同様です。商品名やキャッチフレーズを繰り返し聞くことで、耳に残って自然に覚えてしまうのです。理屈ではありません。とにかく繰り返すことです。

吉田氏は、ＮＨＫアナウンサーとして活躍。医師免許を取得後、元自民党幹事長・加藤紘一衆議院議員の公設第一秘書として科学技術政策の立案に取り組み、現在は木郷赤門前クリニック院長として、テレビ、ラジオで活躍中です。専門家の意見だけに説得力があります。

量は質を凌駕する

この章の「異業種交流会」「セミナー」「講習会」「見学会」「朝食会」「懇親会」「その他」で、聞き手と共感し、心をつかむ方法をプロのテクニックとして紹介します。名前三度繰返し法で成果を上げてほしいものです。全社員で取り組むのです。

私は、企画会社時代にカーマーキングの企画制作実行に携わったことがあります。社用車は走る広告塔です。統一イメージ（社名・ロゴ・マーク・その他）を施した社用車が街を走ることで自社イメージの浸透を図るのが狙いでした。

普段は、一台ずつの走行です。バラバラで走っていると印象は弱いです。でも、意図的に全車を一定地域に集め、列をなして走ると、インパクトは強烈で、壮観で、「競争効果」「承認効果」は計りしれません。

2　異業種交流会での自己紹介

自己紹介のシナリオに「確信」を生む

異業種交流会には、業種、業態の違う人たちが大勢集まっています。交流会によっては、立場、年齢も違い、集う目的もさまざまです。その中で共通項を一つ選ぶとすると、「自分の問題解決につながる人と情報を探し求めている人の集まり」と解釈して間違いないでしょう。

このように定義すると、自己紹介のシナリオに「確信」が生まれます。

人を巻き込む法

ある異業種交流会で、「鶴岡秀子さん」と会いました。著名な女性です。驚いたことに、一〇歳で起業すると決めていたそうです。ショップ店員時代に人の二〇倍の商品を売り、コンサルタントに転身、その後、ベンチャー企業経営者として三人で創業し、五年で年商一四億の会社に育てた実績があります。そして、ホテル会社設立、株式公開と次々に夢を叶えてきた女性です。

鶴岡さんが講演で、大勢の人の信頼を得る方法、協力者になってもらう方法を伝授してくれました。

まず自らの夢を語る、次にその夢に気づいた原点を語る、そして原点から現在までの経緯を語る、これが概要。次に鶴岡流の人の巻き込み方です。

夢に向かってどう計画し、行動したか、その詳細な進捗状況をこまめに伝えることでした。

プロのテクニックー進捗の経緯を具体的に語ろう

「私は山本等です。山本は山本山の山本、等は植木等の等です。現在、○○税理士事務所に勤務しております。独立志望です。税務と販売の双方に強い税理士をめざして十年前からコツコツと結果を出し続けてきました。一年目××、二年目××、三年目××〜一〇年目××。これが十年の実績です。お陰さまで、今年五月に、念願の山本税理士事務所を開設させていただきます」。

求められて動く

異業種交流会で望んだ成果をあげるには、「人間関係が先、商談は後。求められて自己紹介、求められて商品説明」のルールを厳守することです。

いい加減な自己紹介でお茶を濁しておきながら、後で追いかけ回す営業がいますが、これはご法度です。人間関係を壊してしまったら、二度と商談に乗ってくれません。

自由に自己PRができるのは自己紹介のみ、ここでしっかり聞き手を動機づけるのが秘訣です。

③ セミナーでの自己紹介

現在はセミナー乱立時代

セミナーの参加者に、「自己紹介をお願いします。名前、社名、所属、参加理由を述べてください」と要求されることがあります。

差別化を目的に、テーマと内容を絞り込んだセミナーですから、当然、同じセミナーを選んだ参加者には、立場、悩み、方向性などの共通項が見られます。

プロのテクニック―全員が共感し納得する参加理由で次の展開につなげよう

仮に、「ベトナム市場の将来性と実態」と題したセミナーに、住吉五郎氏が参加したとします。

「私は住吉五郎です。住吉大社の住吉、一郎、次郎の五郎です。○○商事で東南アジア戦略を担当しております。今回の参加目的は、ベトナム市場の将来性と現実について幅広い情報を収集することです。これを機会に皆さんとも情報交換をさせていただきたい。お互いにウインウインの関係をつくりましょう。よろしくお願いします」と自己紹介します。

情報を集めたい人の集まりです。名刺交換でいつでも会える布石を打っておきましょう。

出会いを生かして、全員と好ましい関係をつくる

主目的は、セミナーで講師の話を聞くことです。話を聞いて情報を集めることです。交流が目的ではありません。また、主催者、講師への配慮も不可欠です。いくら自己紹介の時間を与えられても、どんな人が集まっているかを全員に知ってもらうための自己紹介に過ぎません。あまり濃くならないようにさらっと仕上げることです。

むしろ、これを機会に、主催者、講師、参加者と好ましい関係をつくることに専念することです。

「承認」で完璧なアフターフォロー

平成二三年の新年に、年末のセミナーで出会った女性から年賀状が届きました。「穏やかな笑顔とことばをくださってありがとうございます」と、一筆添えてあります。

人は常に、人に認められたいという欲求があって、その欲求を満たしてくれる相手に好感を抱きます。コーチングでは、相手を認めることを、「承認」と呼んで重視します。

次の三段階があります。

まず、「存在承認」、相手を名前で呼ぶだけで効果大。次に「変化承認」、相手の変化をことばで認めてあげることです。最後が「成果承認」で、相手の貢献による成果を告げます。これであなたのフォローは完璧です。

4　講習会での自己紹介

講習会での自己紹介で期待される内容とは

会社、団体などで行われる講習会があります。何らかの目的を達成するために、関係者に集まってもらって行うものです。主催者には、「参加者全員に共通の情報を提供し、同じ目的に向かって気持ちを一つに邁進してほしい」、こんな狙いがあります。

ほとんどが会社の社員同士、団体の会員同士ですから、顔見知りも多く、和やかな雰囲気の中で進行していきます。

講習会での自己紹介で期待される内容とは、主催者側の気持ちを考えるとはっきりしてきます。それは参加者一人ひとりがどのように理解し、どう行動するかを発言してほしいのです。自分の意見や、提案を堂々と述べることです。優柔不断な言動は慎んでください。

プロのテクニック―自分の意見を堂々と述べよう

「○○部の○○です。講習会の内容について全面的に賛成です。率先して協力します。わからないことや困っていることがあれば、ご連絡ください。私もできるだけ協力します」と気持ちを前に出すと、主催者にとってうれしい追い風になります。ですから高感度が高まります。こういう全面賛成者が二～三名続くと、講習会の流れは決まっていきます。

人使いの達人は人間関係を優先する

ただ、現実的に、全員の心を一つにまとめることは難しいでしょう。さまざまな立場、考え方の人がいるからです。人使いの達人を観察すると、人社会を生き抜く極意を知ることができます。彼らは、相手の考え方を変えようとはしません。それより先に、人間関係をつくることを優先しているようです。すでに紹介した「承認」が役立ちます。その承認を続けることで、相手が自ら自発的に、従来の自分を反省し、協力してくれるようになるものです。

自己中心主義に表と裏がある

人は、自己中心主義だと述べました。知らない人を警戒し、人に無関心で、人から動かされたくないというものでした。でも、相手から承認されて、その人に好意をもつと、その人のために役に立ちたいと思うようになります。

その結果、警戒バリアを外します。相手に関心を示すようになります。協力も惜しみません。実は、この変わりようも、自己中心主義の表れなのです。

5 見学会での自己紹介

自己紹介はバス車内で

見学会には、「現地（見学先）集合、現地解散型」と、集合場所と目的地間を移動する「団体移動型」の二種類があります。主に、前者は近距離、後者は遠距離の場合に見られます。

かつて、某医薬品メーカーの見学会に参加したことがあります。目的地は岡山で、大阪と岡山間を貸切バスを仕立てて往復です。自己紹介は、バス車内で行いましたが、これも名前三度繰返し法の三回以上繰返しの一回に相当します。

単純接触の原理

渋谷昌三先生は、「思いどおりに人を動かす法」（日本実業出版社）で、「単純接触の原理」に触れ、人は二度三度と繰返し会っている間に、いつの間にかその人を好きになってしまうと述べています。

前述のように、脳の権威吉田たかよし先生が、続いて心理学の専門家渋谷昌三先生が、人間の「脳」はそのようになっていると指摘しているのです。

自己紹介でビジネスチャンスをつかもうと考えている人にとって、迂闊に見逃せない事実です。

プロのテクニックー非日常の世界を演出しよう

「皆さんこんにちは、○○○○です。今回の見学会を楽しみにいたしておりました。そのせいか出発するときから気持ちがワクワク弾んでいます。見学先の好意に報いるためにも、一つでも二つでもしっかり学んで帰りたいと思います～」。

日頃の生活圏を離れて見学に行く、もうこれだけで非日常の世界に入ることです。気持ちがワクワクしてきます。

この高揚感をことばに添えて表現します。

捨てがたい名刺の効果

自己紹介と名刺の相乗効果で、自社名（個人名・商品名）の短期浸透を狙うのはいかがですか。

弊社は、大阪で「講師養成講座」を主催しております。これまでの受講者は、約八〇名（平成二二年一二月現在）です。

かつて、受講のきっかけを調べたことがありました。約八〇名中で、名刺交換がきっかけは四五％、講演・自己紹介によるものは四〇％、受講者の紹介は一五％でした。

ダントツは名刺交換でした。自己紹介と同じで、コンパクト効果とインパクト効果が功を奏したのです。強いことばで表現した名刺の効果でした。

6 朝食会での自己紹介

成果を主張する人は、理論派よりも行動派に多い

朝食会は、増加傾向にあります。必然性があるから増えるのです。志が同じ人たちと朝食を囲んで情報を交換し、人脈を広げることができます。私も午前四時起床、五時の始発電車で参加し、恩恵に与っています。

わが国では、「朝起きは三文の得」といわれています。現実に朝起きを実践し、業績を上げた経営者は、「実際は三文どころではない。効果はその何千倍、何万倍に匹敵する」と胸を張ります。まだ朝起きと業績の関係を論理的に説明できないせいか、成果を主張する人は、理論派よりも行動派に多いようです。

「朝起きをしたら業績が上がった。キミもやりなさい」と友人を誘って、朝食会に参加する経営者は多いように思います。

朝のメリットを強調する

朝食会に集まる人たちは、どちらかといえば、プラス発想、肯定的発言、積極的行動を支持する人が多いようです。自発意志で人が寝ている早朝に起きて、行動を開始する人たちです。しかも、多忙な人たちが、情報収集や人脈を目的に集まってくるのです。

「自分の仕事で精一杯だ」と突っ張っている人と比較すると、その差は開くばかりです。

プロのテクニック―元気な声で自己紹介をしよう

「おはようございます。○○市からやってきました○○○○です。今朝は○時に起きました。もう朝食会がすっかり新しい習慣になりました。朝食会に参加した日はとても充実しております～」。

朝食会の自己紹介で重視するキーワードはズバリ「元気」

朝食会の自己紹介で重視するキーワードは、ズバリ、「元気」です。一本筋が通った話も好評ですが、それ以上に、「元気」を評価する人が多いようです。さらに、屈託のない明るさ、笑顔が加わると朝食会の人気者になれます。

人は、耳で話を聞いています。でも、目でも聞いているのです。

耳から入るのは弾んだ声、目から入るのは身体全体からあふれ出る「健康」「楽しい」「元気」「嬉しい」「明るい」メッセージです。

これらすべてがその人情報で、話し手が評価されるのです。

7 懇親会での自己紹介

懇親会での自己紹介は、和やかな雰囲気に影響される

懇親会では、人が集まって食事し、杯を交わします。そして、胸襟を開いて語り合います。やがて、幹事が全員の自己紹介を提案します。

ただ、懇親会での自己紹介は、和やかな雰囲気に影響されて、はじめは「自己紹介を～」でスタートしても、次第に脱線し、テーブルスピーチに発展しかねません。その中で、一人だけが自己紹介では、浮いてしまいます。

プロのテクニック―その場の楽しい気分を表現しよう

「みなさんこんにちは、○○○○です。Aさんと飲みながら話し込んでしまいました。意気投合したんです。今日は楽しいですよ」。

その場の気分を表現したテーブルスピーチを行ってください。テーブルスピーチの四原則「楽しい話」「短い話」「独創的な話」「場に合った話」を頭に置いて話せばよいのです。

楽しい話

やはり、楽しい話が一般的です。柔らかい態度で、明るく感じよく話すように。日常、話す会話調で、ザックバランに話すことです。

短いテーブルスピーチ

テーブルスピーチは、一部の人の独壇場でなく、全員が行うものです。話の効果は、時間に逆比例するといわれますが、定められた時間内に話し終えることがルールです。

独創的なテーブルスピーチ

二番煎じの話や、ありふれたテーブルスピーチでは、独創性があるといえません。切出し方と終わり方を工夫して、最初から興味を喚起し、よい余韻を残して終わるとよいでしょう。独創性とは、自分が考え出した話、他人の知らない自分だけが知っているマル秘の話です。

場に合ったテーブルスピーチ

会場では、予想されなかった状況の変化が発生します。状況の変化が起こっても、話題をすぐ変えられる準備が必要です。

⑧ その他の会合での自己紹介

誰にでもどこでも使えて効果があがる方法

「異業種交流会」「セミナー」「講習会」「見学会」「朝食会」「懇親会」など以外にも、人が集まる場は無数にあります。誰にでもどこでも使えて効果があがる方法を紹介します。

知らない相手との間には、心の壁が存在します。そんな相手とよい人間関係を築くには、一度その壁を取り除かねばなりません。それには、相手と一致点をもつことです。一か所、共通点があるだけで、人は警戒心を起こさないものです。

使えるキーワードは、「出身地」「現住所」「生年月日」「年齢」「干支」「誕生月」「ビジネスキャリア」「趣味」などです。

ただひと言、断っておきますが、「私は○○です。出身地は××、現住所は××、生年月日は××〜」と羅列しないほうがよいでしょう。軽薄なイメージを与えてしまうからです。

プロのテクニック——一致点を目指そう

「みなさんこんにちは。私は○○○○です。出身は○○県です。子供時代は○○の海岸で砂遊びをしました。その頃から将来は自然の中で働ける仕事をしたいと思っていました〜」。

話材

①出身地、現住所

聞き手が同じ出身地なら、それを知った途端、相手はなんとなく親しみを感じます。現住所が同じ場合も一緒です。

②生年月日、年齢、干支で協力者を増やす

生年月日、年齢、干支が同じ人同士は、それだけで親しみを抱きます。差支えなければ、誕生日をオープンにしてみたらどうでしょうか。

③ビジネスキャリアを強調する

仕事を紹介し、自分を印象づける方法です。同業者同士は、共感しやすいものです。「〇〇の仕事です」だけでなく、仕事の特徴、素晴らしさ、出来事などを具体的に話せばより親しみが湧いてくるものです。

④趣味をアピールする

趣味はパソコン、読書、音楽、ゴルフ、ドライブ、旅行、お茶、お花など限りなくあります。趣味が同じ人は性格まで似ているといわれるくらいです。同じ趣味の人は相手の話に興味をもちます。

「❼ 場面別自己紹介―プロのテクニックを公開」のまとめ

プロと呼ばれる人ほど、原理原則に徹し、決して危険なことは行いません。ですから、安定感があるのです。これは、スポーツの世界でも、華道、茶道などの自分を磨く世界でも同じです。当然、ビジネスの世界でも共通です。

本文で紹介した場所別自己紹介法についても同じです。自己紹介（一部テーブルスピーチ）の基本は、主催者、参加者の気持ちを洞察し、その気持ちに参画することです。つまり、肯定姿勢を鮮明に打ち出すことです。ですから、歓迎され、好ましい人間関係をつくることができるのです。

人には、「相手の反応に反応する」本質があります。相手を肯定すると肯定が、逆に相手を否定すると否定が戻ってくるのです。

前者はよい人間関係をつくり、後者は人間関係を破壊するのです。

❽ 練習を繰り返し、しかるべきときに備える

1 高い評価を得るための秘訣

練習を繰り返し、しかるべきときに備えているプロ

はっきりいってプロと素人の話し方は違います。でも、それは才能の差ではありません。練習量と準備の差です。人の知らないところで練習を繰り返し、しかるべきときに備えているのです。

上手な人の自己紹介を聞くと、「とても自分にはできない」「あの人にはかなわない」と思うかもしれません。でも諦めないでください。

現実に、近藤三城の前例があるじゃないですか。人前でまったく話せなかった、あかんたれの私が、プロの司会者に、また話し方の講師になったのですよ。

話し上手は話材が豊富

最初の一言で聴衆の心をつかんで、話し終えるまで聞き手を引きつけて離さない自己紹介をする人がいます。聞き手を魅了する話し手は、話材が豊富な人が多いのです。

どんなに腕の立つ調理師でも、材料がないと料理はできません。同じように、話材がないと上手な話はできないのです。

話す機会が多い人に話材が集まってくる

「○月○日に話をしなければならない」と思うと、それがよい意味で一種の強迫観念になって、話材を見つけようと意識するようになります。

この話材を見つけようとする意識があると、これまでは見逃していた日常の出来事の中から話材が発見できるのです。先に話す機会をつくってしまう、これが話材を発見する最良のコツです。

優位性の七つのポイント

この章では、「この人の話は、他の人とまったく違う」と高い評価を得るための秘訣を紹介します。

自己紹介は当然ですが、一般のスピーチ、講演にも有効です。

(1) 聞きやすい声で話す法
(2) 目くばりしながら話す法
(3) ドキドキを即座に解消する法
(4) 興味を引く話をする法
(5) 時間ぴったりに終わる法
(6) 「エー」「アノー」をゼロにする法
(7) 第一印象で勝利する法

2 聞きやすい声で話す法

ヴォイストレーニングの成果

以前、プロ司会者だったころ、「近藤さんの声ってステキ、とても聞きやすい」とほめられたことがあります。これは、ヴォイストレーニングの成果です。当時、私の起床時間は、毎朝午前四時でした。起床後、約一時間、声を出して朝刊を読むのが当時の日課でした。

「声出し」といって、朝刊の一面を「、」(句点)「。」(読点)に注意しながら読んでいくのです。

なお、このヴォイストレーニングは、一般的に「滑舌練習」と呼ばれています。

トレーニング法は、プロダクションの社長から学びました。とくに注意されたのは、「毎回、文章の意味を考えて読むように。苦しくなって息を吸うのでなく、『、』で止め、『。』で呼吸するように」といった事柄でした。その理由は、「、」と「。」に注意して文章を読むと、文章の意味を理解した読み方ができるからです。

起きてしばらくの間は、思うように声が出ません。でも、めげずに続けて声を出していると、少しずつ響きのある声が出るようになってきます。

このように、「近藤さんの声ってステキ、とても聞きやすい」といわれる背後には、毎朝一時間のヴォイストレーニングがあったのです。毎日一時間のトレーニングですが、続けることは簡単ではありません。

ヴォイストレーニングのすすめ

一般の方は、毎朝三分間で結構です。ヴォイストレーニングを毎朝の日課にしませんか。前ページで紹介したように、「、」「。」に注意して朝刊を読む練習です。ただし、黙読はダメです。実際に声を出して読んでください。目標は三か月です。三か月も続けると成果を実感できるようになります。

左記は、早口ことばの一部です。最初、上手くできなくても、続けていると楽しくなってきます。

□歌唄いが来て　歌　唄えというが　歌唄いぐらい　歌　唄えれば　歌　唄うが
歌唄いぐらい　唄えぬから　歌　唄わぬ。

□お門跡様の　お庭のお池のお蓮のお葉に　お蛙のお子が　お三匹　おとまりあそばして
お山椒のような　お目を　おぱちくり　おぱちくり

□菊栗　菊栗　三菊栗　あわせて　菊栗　六菊栗

（詳しくは、「くちの体操」塩原慎次郎著をご覧ください）

③ 目くばりしながら話す法

目くばりとは、聞き手を気遣うこと

目くばりとは、聞き手を気遣うことを意味します。聞き手が二人なら交互に、一〇人なら一〇人均等に目くばりをします。朝礼、会議、講演会などで人の話を聞く機会があったら、ぜひ話し手を観察してください。どれだけの人が、聞き手を見ながら話しているかを観察するのです。

次に、目くばりができている話し手と、できていない話し手を比較してください。それぞれについて、受ける印象を比較するのです。

目くばりができる人は、「明るい人、自信のある人、積極的な人、信頼できる人」などの印象を受けます。逆に目くばりができないと、「暗い人、自信がない人、消極的な人、信頼できない人」など悪い印象を受けます。好印象を与えるコツは、目くばりにあるのです。

首振りと目くばりの違い

一見、目くばりができているように見えて、首を左右に動かしているだけの人がいます。これは首を振っているだけです。目くばりと首振りの違いはただ一つ、聞き手を見ているかどうかです。

目くばりと話す力

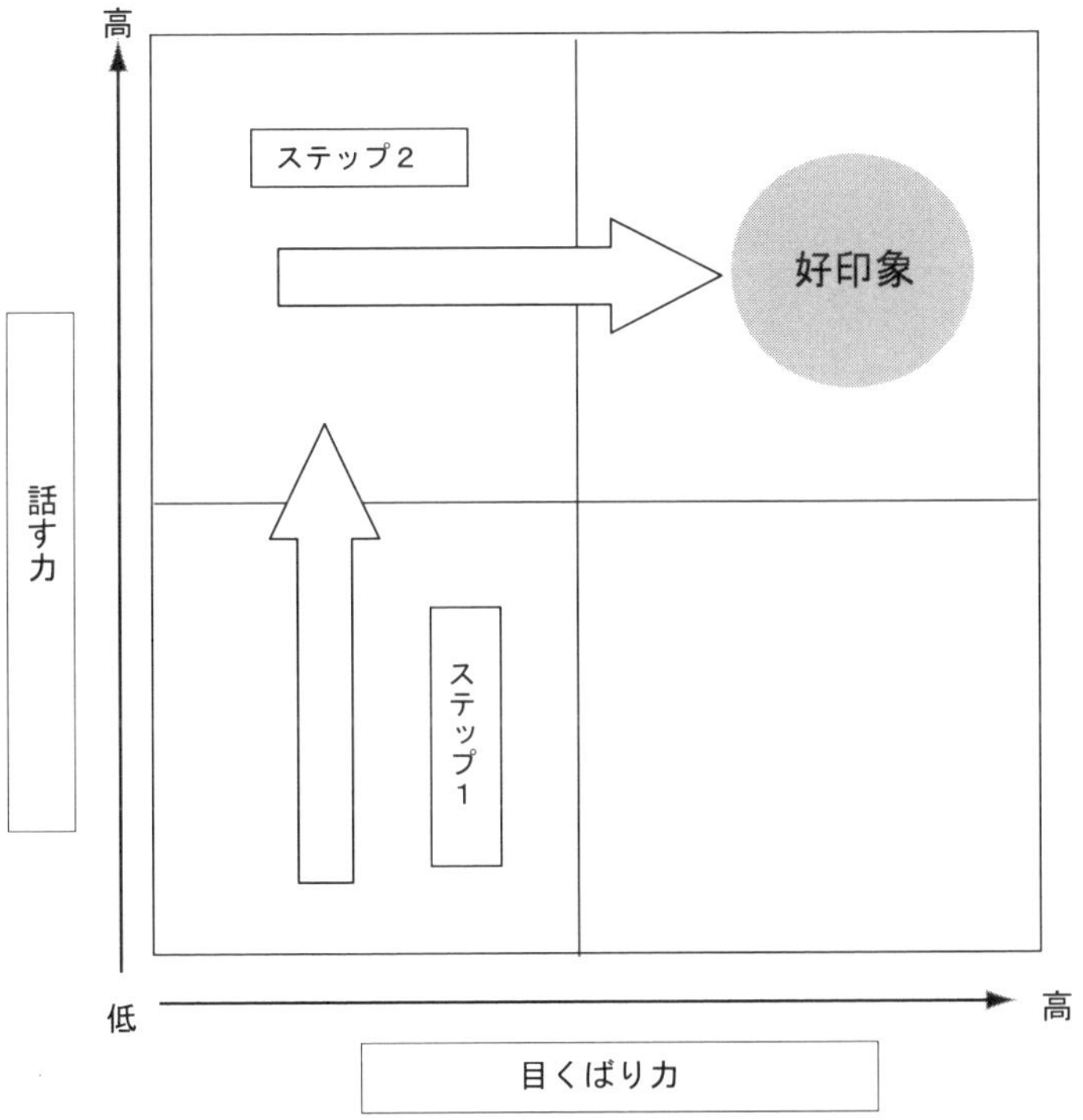

同時に「話す力」と「目くばり力」を養うことは難しい。そこで

●ステップ１、まず話す力を磨いてください。
●ステップ２、続いて目くばり力です。

話す力に目くばり力が加わると、あなたの印象はまったく変わります。

4 ドキドキを即座に解消する法

自分自身を「情けないなあ」と思う日々

仮にドキドキしたときに、即座に解消できるカンタンな方法があるとしたら、それを知りたいと思いませんか。

現実にドキドキで悩んで人にとっては、そんな方法があるはずがない、と思われるかもしれません。でもそれはあるのです。

私は、長年、緊張症で苦しんできました。人と会うときは、いつも緊張し、ドキドキ状態でした。ドキドキは身体に悪かったようで、常に胃薬を持ち歩いていました。また、顔色は青白く、人に頼りない印象を与えていたようです。

当時、私の仕事は営業です。人と会って自社商品の販売をするのが仕事です。得意先の関係者に集まっていただいて新商品の説明をすることもあります。

上手に話そうと思ってもドキドキが襲ってきます。心が緊張する↓身体が緊張する↓頭の中が真っ白になる↓恐怖を感じる↓思ったように話せない↓自信を喪失する、毎回、この繰返しで、最後には、自分自身を「情けないなあ」と思う日々でした。

プロもドキドキする

私は、司会の仕事を通して、演歌専門の司会者と会ったことがあります。歌手と話もしました。驚いたのは、全員、ドキドキの経験者でした。でも、彼らはその道のプロです。プロの心得として、自分なりのドキドキ解消法をマスターしていたのです。

過剰な自意識がドキドキの原因

同じホテルの同じ披露宴会場で二日続けて司会をしたときのこと。前日の土曜日は友人の披露宴でアマチュア司会、翌日の日曜日はプロデビューでした。

プロ初日、第一声を発しようとした瞬間、ワイヤレスマイクをもつ右手が左右に激しく震え出したのです。異常な震え方です。振幅が二〇センチ以上ありました。思わず左手で右手を押さえてその場を凌ぎました。前日にはなかったことです。過剰なプロ意識のせいでした。

誰でもできるドキドキ解消法

ドキドキの兆しを感じたら、息を「フー」と吐く、一回で駄目な場合は二回、三回と続けて「フー」と吐くのです。何回か続けていると、呼吸が落ち着いて冷静になってきます。アナウンサー、歌手、司会者が実際にやっているドキドキ解消法です。

5 興味を引く話をする法

聞き手を引きつける秘訣

相手が一番、聞きたい話をする、これが聞き手を引きつける秘訣です。しかし、初対面やそれほど親しくない間柄だと、相手の聞きたい話がわかりません。そこで、仮説を立て、本番で検証しながら聞きたい話を絞り込んでいきます。

次は構成です。対象者の笑顔をイメージして九〇秒の原稿にまとめます。最後はトレーニングです。同僚の前で試すことも必要です。これでシナリオを完全に自分のものにします。このトレーニングは、自信の源泉になります。

ツキは「興味」をもった人が運んでくる

「○年○月○日（○）午後一時～五時、新規開拓セミナーを企画しています。ぜひ近藤三城先生に講師をお願いしたい。ご都合はいかがでしょうか？」。

これは、私の自己紹介を聞いた人が、セミナーの講師を依頼してこられたメールです。

実際に、右記事例の「興味→講師依頼」のパターンは多いのです。この「興味」は、近藤三城だけでなく、誰にでもどんな職業にも共通する、お客さまを動機づける大切なキーワードです。

興味の源泉は販売商品にある

現在の販売競争は、熾烈です。毎日、激しい戦いが繰り返されています。お客さまは、常に自社（自分）にとって、有利な条件で商品の購入を考えています。この事実に注目してください。

自社の商品が現実に売れているということは、商品に競争力がある証です。強みがあってお客さまの問題を解決できるから、激しい競争社会で選ばれているのです。この強みを九〇秒にまとめてアピールすればよいのです。どうです、少しも難しいことはないでしょう。

聞き手はワクワクさせてくれる人を待っている

聞き手は、自分をワクワクさせてくれる人との出会いを待ち望んでいます。それは、誰の心の中にも「○○をやりたい」「自分は○○に成長したい」「○○がほしい」という欲求が渦巻いているからです。相手を動機づけるとは、聞き手の心に希望の灯りをつけることでもあるのです。

一方で、右記の欲求を秘めながら、この人は与えてくれる人か、取りにきた人か、を慎重に選ぼうとする冷静さもあります。初対面で「この人は与えてくれる人」と印象づけると、心を開いてくれます。最初がとっても大切です。

⑥ 時間ぴったりに終わる法

一分三〇秒ぴったりで終わる自己紹介

久しぶりにセミナーを受講したときのことです。講師の指示で隣席の人と二人でロールプレイングを行うことになりました。パートナーの名をAさんとします。

はじめは自己紹介です。各々の持ち時間は一分三〇秒。先にAさん、後が私です。講師は、時計を睨みながら「スタート」「ストップ」と指示を出しています。私の番になりました。私は、「スタート」と同時に自己紹介をはじめ、「ストップ」の合図でぴったり終わったのです。

さてAさんは、どんな反応をしたと思います。目を大きく見開いて、「凄い！」とひと言ほめてくれました。一分三〇秒ぴったりで終わったことで、「この人は他の人と違う」という印象を与えたのです。

さて、A氏を唸らせた、一分三〇秒ぴったりで終わる自己紹介ですが、そんなに難しいことでしょうか。

私は、話し方の天才ではありません。ただ、指示された時間内にぴったり終わる方法を知っていて、その方法を実際にやっただけのことでした。次ページにその方法を記します。チャレンジ精神があれば、誰でもできる方法です。

自分の話すスピードを知る

まず、第一に、自分の話すスピードを知ることです。方法は、いたってカンタンです。新聞や本を実際に読むだけです。タイマーを一分にセットし、読んでいきます。

一分経ってベルが鳴ったら、どれだけの文字数を読んだか数えるだけです。たったこれだけのことで、自分の話すスピードが、一分間で三〇〇文字だとわかったのです。

必ず話す話題と状況次第で削除する話題に分けておく

私の話すスピードは、一分間三〇〇文字だとわかりました。それで原稿をつくり本番に備えます。ただし、実際の現場は、場の雰囲気によって左右されます。同じペースで話していると思っていても、実際は早くなったり、遅くなったりしているものです。聞き手が笑うと一緒になって笑います。反応が鈍い場合は、二度繰り返す場合もあります。ペースを落とす場合もあります。いつもテープレコーダーのようにワンパターンで話すわけではないのです。

そこで事前に、必ず話す話題と状況次第で削除する話題に分けて準備します。あとはその場の判断で、ぴたりと終わるように演出するのです。

7 「エー」「アノー」をゼロにする法

「エー」「アノー」の癖のある人は改めないと話を聞いてもらえない

「エー」「アノー」を頻繁に使う人がいます。一回二回はよいのですが、何度も耳にすると、それが煩わしくなって、大事な話を聞く気が失せてしまいます。

経営者、管理者、営業など、人に話す機会が多い人で、「エー」「アノー」の癖のある人は、早急に改めないと話を聞いてもらえませんよ。

本人が気づいていないケースも、気づいていてもどうしてよいか悩んでいる人も、専門家に相談することです。カンタンに治ります。

三分間で三二回の「エー」が即座に治った

Sさんとはじめて会ったのは、ある経営者の集まりでした。冒頭に自己紹介があって、メンバーの一人がS氏でした。「エー」を連発するS氏が気の毒になって、二人きりになったときに、そっとアドバイスさせていただきました。

彼は、私の助言を真剣に聞いて即実践されました。その結果、即座に「エー」がゼロになったのです。

Sさんとの会話

「Sさん、少しアドバイスさせていただいていいですか？」

「ハイ、お願いします」

「三分間の自己紹介で、『エー』を三二回いわれたことを覚えておいでですか？」

S氏は、意外な表情で、「そんなに！」と驚いていました。

「『エー』をゼロにしたいと思われますか？」

「ハイ」

「話の途中で、『エー』に気づいたら、意識して止めるようにしてください。必ずゼロになります」

治そうと思えば即治る

その後、S氏に度々お会いします。かつてのアドバイスをいまでも感謝されます。

S氏は、現在、社長職を実弟に譲って会長に退き、後進の指導をされておられます。最近は、まったく「エー」をいわないようです。「エー」「アノー」は、単なる口ぐせです。

治そうと思えば、即治ります。少し意識するだけで、聞きやすい話になるのです。

⑧ 第一印象で勝利する法

態度の善し悪しで第一印象が決まってしまう

態度は、話し方の基本で、態度の善し悪しで第一印象が決まってしまいます。この基本ができていない人の話は、聞き手に聞いてもらえないだけでなく、聞き手とよい人間関係をつくるうえで障害になります。

前述したとおり、自己紹介は、聞き手率一〇〇%です。それだけに要注意です。

視覚は聴覚よりも影響力が強く、話す内容がどんなに素晴らしいものであっても、態度が悪いと、聞き手に不快感を与えてしまうからです。立派な自己紹介のできる人は、キョロキョロした態度や、落ち着かない態度、みっともない態度で話すことはないのです。

態度の基本をマスターしよう

「内容に気をつけて話をしたのだが、態度が悪いために聞いてもらえなかった。反省しています」。

このようなことにならないように、話す場合の基本的な態度について注意事項を記しました。

自己を振り返り、相手に不快感を与えない態度で話すように心がけてください。

自己紹介をする場合の態度

(1) 正面（相手）を向いて姿勢を正す

(2) 足の位置（身体を安定させるために）
男性は両足を少し（握り拳ひとつぐらい）横に広げる
女性は両足を前後に少しずらす

(3) 手の位置
手は自然に両側に下げる。または前で軽く組む

(4) 目くばり
話を聞いている人の顔を見ながら話す
聞き手の顔を見ながら話をすると明るい話になる

(5) 表情
にこやかに笑顔を浮かべる

聞き手から好感を得られる態度

(1) 親しみのある態度

(2) 安定感のある態度

(3) 好感のもてる態度
(4) 背骨を伸ばし、肩に力を入れない自然体の態度
(5) 手は自然に両側に下げる。または前で組む
(6) 清潔な服装を心がける
(7) 人前に立つ前、席を立って服装を整える
(8) 素直な心で癖をなくす
(9) 目は聞き手の目を中心に相手の顔全体を柔らかく見る

注意したい態度

(1) 威張った態度
手を後ろに組んだり、ふんぞり返った態度は反感をもたれる
(2) 卑屈な態度
もみ手、合わせ手は警戒心を起こす。また馬鹿にされる
(3) 落ち着かない態度
貧乏ゆすりは安心感を与えない。信用もされない
(4) 気取った態度

「自分は偉い」と感じさせる態度
(5) 馴れ馴れしい態度
軽率さを感じさせ、聞き手を軽視したと誤解される
(6) 相手を無視した態度
馬鹿にした態度
(7) 場に合わない態度
呼吸が合わず、感情の交流ができない

聞き手は話し手の態度に注目している

一般的に、席を立って人前で話し、自分の席に戻るまでを話す態度といいますが、聞き手は話し手が席を立つ前から注目しているものです。姿勢、表情、服装なども観察されているのです。

話す前の態度、話す態度、話した後の態度で、あなたの第一印象が決まってしまいます。人の前に出るときも、また戻るときも、決して照れた態度、自己紹介を拒否する態度、または走って登場したり、席に戻ることがないように注意することです。

態度は、一度身につけてしまえば、その後は自然体でできるようになるものです。それだけに、態度の基本をしっかり身につけることです。

「❽ 練習を繰り返し、しかるべきときに備える」のまとめ

この❽で指摘したいことは、ただ一つ。

上手に話す能力は、セオリーをマスターし、練習を繰り返すことで、誰でも身につけることが可能です。

この❽では、「優位性」を得る方法を七つの視点から紹介してあります。それぞれについて、私自身が体験で身につけた方法です。ただし、私も諸先輩から話のセオリーを学び、練習でマスターしてきたことを添えておきます。

弊社主催の講師養成講座、全国各地のセミナーで、企業人として大勢の前で話す力はとても必要だと指摘しています。

真剣に考え、努力する人は、確実に手にすることができる能力です。

❾ 潜在客を顕在化する

1　お礼メールと報告で商談の機会をつくる

自己紹介後の反応

自己紹介後の反応は、大体三パターンあります。

まず、はっきり意志表示をする人がいます。「是非、講演をお願いしたい」「一度、お会いしたい」「電話してよいですか?」などと。

次に、無反応の人がいます。相手の問題と私の問題解決力がマッチしない相手です。そして、心で反応していても、表面に出さない人です。

はっきり意志表示をする人

これまで、一回の自己紹介で、即日一本〜六本の講演依頼を受けてきました。自己紹介で、「私はあなたの問題解決の有資格者ですよ」と発信した成果です。

そして、私の自己紹介を聞いた人が、「近藤三城さんは私の問題を解決できる人だ」と思って、意志表示をされたのです。今後、具体的に打合せに入る人たちです。

意志表示をしない人

意志表示をしない人の中に、「どうしようか？」と迷っている人がいます。何らかの事情があって、表に出せない人です。

それでも名刺交換や雑談の中で、それらしいシグナルを送ってきます。

潜在客を顕在化する仕組み

相手に心理的な負担をかけないで、しかも低コストで標準化でき、潜在客を顕在客に導くシステムが必要になります。

まず、相手の問題をしっかりつかむ必要があります。

お礼メールと報告で、よい人間関係をつくって商談の機会をつくります。

次に、商談の中で必要な質問を通して、相手の問題をしっかりつかむことです。

相手の抱えている問題がわかれば、相手が納得する提案ができます。

この章では、①お礼メールと報告で商談の機会をつくる、②お礼メール、③報告メール、④商談会話、⑤質問技法、⑥実践の手引―質疑応答事例、⑦実践の手引―自己チェックシート、⑧大勢の前で快感を感じるスピーカーになるにはについて説明します。

2　お礼メール

交換した名刺に、メールアドレスが明記してあればＯＫ

交換した名刺に、メールアドレスが明記してあれば、基本的にメールを送ることに失礼はありません。早期（当日、翌日）にお礼メールを送って、感謝の気持ちを伝えるようにしてください。これが初回のアプローチです。

なお、送信したメールに返信がない場合があります。それは忙しいなどの理由ですから、余計な心配は無用です。それよりも、次のアプローチをどうするか、について考えることが大切です。

一般的なお礼メール

○月○日に○○でお会いできたこと、ご名刺を頂戴したことに対するお礼の気持ちをメールで伝えます。

ポイントは、あっさりした文章にまとめることです。ただし、相手はお客さまです。失礼がないように、節度をもって接してください。

「株式会社○○の○○でございます。突然のメールでお礼を申し上げます失礼をお許しください。

先日は、お声を掛けていただいたうえに、ご名刺を頂戴し有難うございます。これをご縁に今後ともよろしくお願い申し上げます。有難うございました。多謝」。

お約束を頂戴したお客様へのお礼メール

お会いできたこと、ご名刺を頂戴したことに加えて、お約束を頂戴したことにもお礼の気持ちを添えてメールで表現します。ポイントは、あっさりとした文章にまとめることです。ただし、相手はお客さまです。失礼がないように節度をもって接してください。

「株式会社○○の○○でございます。突然のメールでお礼を申し上げます失礼をお許しください。先日は、お声を掛けていただいたうえに、ご名刺を頂戴し有難うございます。また、○月○日○時のお約束をいただきまして有難うございます。重ねてお礼を申上げます。これをご縁に今後ともよろしくお願い申し上げます。有難うございました。多謝」。

訪問前日の確認メール

お約束を頂戴したお客さまに、確認のメールを送ります。これで十分です。

「いつもお世話になっております。株式会社○○の○○でございます。明日○時、御社にお伺いさせていただきます。どうかよろしくお願い申し上げます。有難うございました。多謝」。

③ 報告メール

「報告」の目的

「報告」の目的は知らせることです。相手が知りたがっていること、知らせておいたほうがよい情報を伝えることを「報告」するといいます。

「報告上手は出世が早い」といわれます。「報告」の機能の中に、相手とよい人間関係をつくる働き、協力や支援を促進する働きが内在しているのです。

この「報告」機能を営業で活用すると、あなたはお客さまから高い評価を得ることができます。

「報告」の要領

報告の要領は、①結論を先に、②経過を後で、③簡潔明瞭に、です。

報告者は、お客さまに喜んでいただける情報と思っていても、受ける側は違います。「忙しいときに勝手に送ってきて」と考えるかもしれないのです。

そこで、「報告」の要領、「結論を先に」「経過を後で」「簡潔明瞭に」に留意して、「報告」することです。

「報告」メールの役割

「報告」メールは、お礼メールの後に、お客さまにお伝えすると喜んでいただけると思える情報を定期的に送信することです。

この「報告」メールの送信ルールを決めて標準化しておきます。例えば、毎月何回送信するか、どのような内容にするか、担当は誰か、などを決めておくのです。

「報告」メールの書き方

盛り込む内容は、お客さまに役立つ情報を送ることです。中には、送信側に都合のよい情報を送ることがお客さまに役立つ情報と勘違いしている人がいます。

前述した「報告」の要領を参考に、内容をまとめてください。

メールの骨子は、次のようになります。

「いつもお世話になっております。さて○月○日○時～○時　○○商品の説明会を行います。ご多忙のことと思いますが、是非ご出席賜りたくご案内申し上げます。なお、開催主旨は、下記××のとおりでございます～」。

お客さまは、先に興味があるかどうかを考え、次に先約があるかどうかで「ＹＥＳ」か「ＮＯ」を判断します。主旨は、その後のことです。

4 商談会話

会話は相互理解のもと

自己紹介の後に、「一度会って話がしたい」と誘いを受ける場合があります。会話の目的は、問題の共有と最適な提案にあります。そのための会話です。

相互理解に必要なことは、会話をつないでいく力、対応処置力です。テニスや卓球のラリーをイメージすると理解しやすいでしょう。ボールが向こう側とこちら側を往復します。何度も往復する間に互いの気持ちが一つになった、そのような気持ちになった経験はありませんか。

会話も同じです。相手の話を聞いて自らの意見を述べる、この繰返しが相互理解を促進するのです。欠かせないのは幅広い知識と体験です。当日の新聞、テレビを見て、新鮮な情報を仕込んでおくことです。

会話を促進する「五」表現法

ここで大切なことは、相手の話をしっかり聞くことです。そのための環境づくりに心がけます。

次に紹介する「五」表現法を使うと会話を促進でき、相互理解が進みます。よくご覧になるとわかりますが、すべて相手を肯定する表現法で極めて有効です。
①「ア」＝アイコンタクト
相手の目を中心に優しいまなざしを向けることです。
②「ウ」＝うなずく
相手の話に首を縦に振って肯定することです。
③「ア」＝あいづち
相手の話にあいづちを入れ、相手の会話意欲を喚起します。
④「シ」＝質問
詳細を知りたいときに質問で聞いていきます。
⑤「カ」＝書く
大事なことをメモします。

一対一の商談で、右記「五」表現法を使うと、商談相手の口のフットワークがよくなり、会話が弾んできます。

その中、相手先の問題を知る手がかりが潜んでいることが多いものです。じっくり聞いて復唱すると、「そうです」と認めてもらえます。

5　質問技法

役立つ「五Q質問法」と「QQ質問法」

「五」表現法で、商談相手の会話を促進します。わからないところは、「もう少し詳しく話していただけませんか？」「もう一度、お話いただけませんか？」「さきほどのAのお話とBのお話が納得できないのですが？」などと質問を繰り返していきます。

このときに役立つ「五Q質問法」と「QQ質問法」をご紹介します。

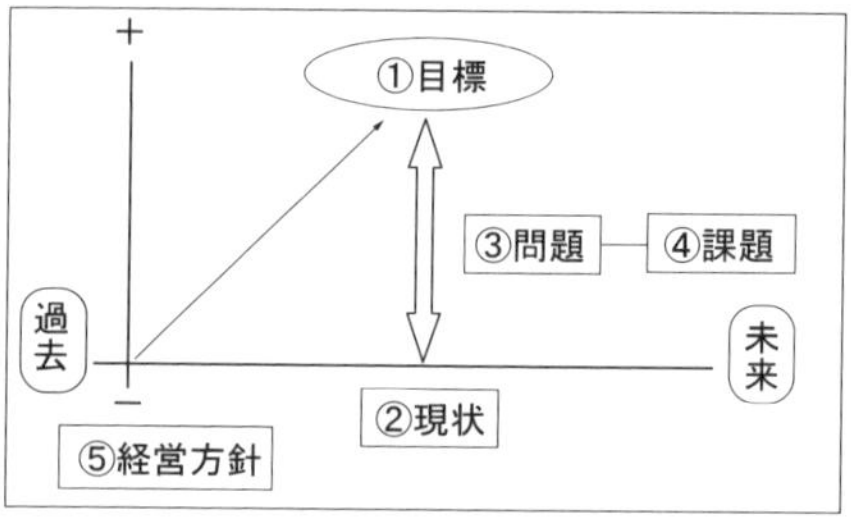

五Q質問法

五つの視点で質問し、相手の問題と課題を明らかにする方法です。

相手の①目標、②現状、③問題（目標と現状の差）、④課題、すべての根拠である⑤経営指針（経営理念、経営方針、経営計画）などについて質問し、具体的な提案に結びつけます。

この質問法の狙いは、できるだけ相手に答えていただくことで、こちらからの一方的な提案でなく、お客さまの立場、考え方などを踏まえて、両者相談と合意のうえで導き出した問題解決法であることを納得してもらうことにあります。

相手の質問に、質問で反応するＱＱ質問法

私たちは、相手からの質問に対して、できるだけ誠実に答えようと考えます。現実に、そのような気持ちを持っていますし、そのような反応をしています。信頼を前提に商談しているわけですから、当然のことかもしれません。

商談中に、話の流れと関係の薄い質問が飛び出てくることがあります。仮に商品の機能について説明しているときに、「これ幾らですか？」と質問された場合です。この場合、相手の質問に誠実に答えようとして「○○円です」と答えてしまいます。

こんな場合に、次の質問で反応するとどうなるでしょうか。

「いま『幾らですか？』と質問されましたが、どのような理由で費用をお尋ねになったのでしょうか？」。すると「いま購入について役員会で検討中」とか、「他社と合見積りを〜」とか、答えてくれるのです。質問（Q）に質問（Q）で反応することで、普段得られない有益な情報を得ることができるのです。

質問を受けたら、その背後の事情を知るチャンスです。

理由は、質問に対して誠実に答えようとする習慣があるからです。

⑥ 実践の手引―質疑応答事例

質疑応答事例と自己チェックシート

これまで「九〇秒自己紹介で顧客をゲットするコツ」について、私の思いを述べてきました。しかし、本書の目的は、単に知識を増やすことではありません。目的は、一つでも二つでも実践し、顧客を増やしていただくことにあります。

そのための手引として、質疑応答事例と自己チェックシートをつけました。

「九〇秒自己紹介集客法セミナー」は、これまで東京・名古屋・大阪で何度か開催してきました。そして、数多く受けた質問の中で、これだけはどうしてもお伝えしておきたいと思えるものを抜粋し、掲載しています。

また、本書の内容を理解し実践するための自己チェックシートをつけています。「話のできないのは話でなおせ」といわれるとおり、話し方は実践を通してマスターしていくものです。ただ、漠然と話し上手になろうと思っても、何をどうすればよいかわかりません。

その都度、課題を選んで挑戦することで成果をあげることができます。私もそのようにしてきました。ぜひご活用ください。

大勢の前で堂々と話せるようになりたい

Q　私は、大勢の前に立つと、いつも胸がドキドキします。そして、頭が真っ白になってしまいます。事前にあれを話そう、これも伝えたいと考えているのですが、すべて忘れてしまって話せなくなってしまいます。私は社会人です。大勢の前で堂々と話せるようになりたいと思います。どうすればいいでしょうか。

A　大勢の人の前に立ったときに、緊張するのはあなただけではありません。ほとんどの人が、あなたと同じ経験をしています。私自身も緊張症で苦しんだ経験がありますから、あなたの辛い気持ちはよくわかります。でも、私自身の経験から、必ず話せるようになれると断言できます。

では、その場合の対処法をお教えします。

緊張したとき、緊張しそうだと感じたときに、息を「フー」と吐いてください。腹式呼吸で、お腹の空気をゆっくり吐くのです。

すると、不思議なことに、気持ちが落ちついて楽になります。もし、一回でダメな場合は、二回、三回と続けてください。

何回も続けていると、だんだん呼吸が落ちついてきます。すると気持ちが冷静になってきます。

ただし、あがってしまって、息を吐くことを忘れてしまう人がいます。

そうならないように、緊張したら息を吐く、この習慣をつけてください。

「あなたのいいたいことが凄くよくわかった」といってもらえるようになりたい

Q　「あなたの自己紹介は、何がいいたいのかわからない」と人から指摘されます。忠告する人も私のことを思ってアドバイスしてくれていると思います。

でも、いろんな人から同じことを何度もいわれると、自己紹介をする意欲がなえてしまいます。

「あなたのいいたいことが凄くよくわかった」そういってもらえるようになるには、どうすればよいでしょうか。

A　皆さんの自己紹介を聞いていて、何をいっているのかわからない人がいます。その共通点は一つです。それは短い時間の中に、あれもこれも話そうと思うから、わからない自己紹介になってしまうのです。

心がけることは、短い時間です。ですから自己紹介では、話したいことを一つに絞ってそれだけを話してください。

例文は、次のとおりです。

「私は○○○○です。私の強み（特技・趣味）は、○○です。○○に興味のある方は、声をかけてください。私の知っている限り、お伝えさせていただきます」と話してください。

話す前や、話している途中であがってしまって脱線することもあると思いますが、右の例文をしっかり意識して話をすれば、少々困難な状態になってもわかりやすい自己紹介になると思います。

「今日の自己紹介、よくわかったよ」といっていただけますよ。

人の非難をしているせいか、よい印象を与えていないので改善したい

Q　普段は十分注意しているつもりですが、自己紹介でつい余計な発言をすることがあります。「最近の若い人は～」とか「最近の客は～」と。いつもいってしまった後で、しまった言い過ぎたと反省ばかりしております。

人の非難をしているせいか、どうもよい印象を与えていないようです。人が嫌がることをいう自分を嫌で仕方ありません。改善する方法はあるでしょうか？　もし、ありましたら、ご指導ください。

A　きっと本来のあなたは優しい人だと思います。ですから、人のことが気になって、つい余計なアドバイスをしてしまうのでしょう。

でも、自己紹介は、何らかの目的のために自分の強みを伝える場です。他人のことについて話す場ではありません。まず、大勢の人が集まる場で、なんのために自己紹介をしているのか、その意味を理解されたらいかがでしょうか。

与えられた時間を、あなた自身の強みを述べる場にされることです。そして、その結果、意見を求めてこられる人がいれば、その方に対して、ご自分が普段考えておられることを述べられたらいかがでしょうか。

万一、体調を崩したときの対処法は

Q　以前、お客さまをご招待した弊社のイベントで、自己紹介を兼ねて挨拶したことがあります。ところが、日頃から健康管理には十分気をつけていたのですが、当日、風邪をひいてしまい、不十分な体調で挨拶をすることになってしまいました。

気を入れて挨拶をしたにも関わらず、パンチ力のない話になってしまいました。先生は、健康管理をどうされておられますか？　また万一、体調を崩した場合に、どう対処されますか？

ご助言をお願い申しあげます。

A　人前で話す場合に、身も心も万全の状態で臨むことは、当然のことだと思います。ただ、人間のことですから、普段から注意していても風邪をひいてしまうことはあります。

私が心がけていることは、外出から帰った場合に、手洗いとうがいを実践することです。それから、冬場の外出は、マスクをかけるようにしております。

なお、知人の講師派遣会社の社長は、カバンに「ジキニン小児用」を常時携帯し、講師の体調不良の場合に備えております。

自分に合った健康管理法、次に健康を害した場合の自分に相応しい対処法、この二点をお勧めいたしております。

話の結び方をどうすればよい

Q よく「終わりよければすべてよし」といわれております。自己紹介も同じように考えております。ところが、私は、最後のところでいつも失敗してしまいます。話の結び方は、どうすればよいのでしょうか。

A おっしゃるとおりだと思います。せっかく、切出しが上手くできて、思うように内容も話せた、しかし、最後で納得のいく話し方ができなかった、これでは、それまでの話がムダになってしまいます。終わりがない自己紹介では、強い印象を残すことはできません。これは、弱い自己紹介、不足の自己紹介になってしまいます。

そこで、最後のまとめ方のご質問ですが、自己紹介で効果をあげる結び方は、いくつかあります。

その方法の中で、比較的誰でもできる方法は、要約して結ぶ方法です。

例えば、「今日は○○について三つお話しました。一つ目は○○、二つ目は○○、三つ目は○○」と項目を順に述べて結ぶ方法です。

また、全体の要点を述べて結ぶ方法もあります。自己紹介の項目でなく、自分の主張、いいたいことを述べて結ぶ方法です。

ただし、表現方法も要工夫です。少し声を高くする、話すスピードをゆっくりにする、ジェスチャーを加えるなど、話の結び方を工夫するのです。

具体例を選ぶ場合のポイントを知りたい

Ｑ　私は、これまで数多くの自己紹介を行ってきました。でも、私自身の強みを自分なりに話しているのですが、たびたび聞き手に誤解を与えたことがあります。どうら具体例の使い方に問題があるように思えてなりません。

具体例を選ぶ場合のポイントについてお教えください。

Ａ　具体例を選ぶポイントについてお答えします。

具体例を選ぶポイントは、あなたがこれまでの人生で経験したこと、人から聞いた話の中から、テーマに相応しいものを選んでください。

具体例は、テーマが視点を変えた姿です。テーマについて話した後で、「言い換えると○○です」と述べるものです。人は、テーマを聞いて納得しませんが、具体例を聞いて、心より「わかった」と思うのです。

よくテーマを話した後の具体例を聞いていると、この人は話したいことが絞れていないと思うことがあります。テーマで話したことと、具体例が違っていて、二つの話になっているからです。

それは、何のために具体例を使うのかの意味を理解していないからです。

7　実践の手引―自己チェックシート

自己チェックシート

本書の内容を理解し実践するための自己チェックシートです。自己の優先課題にレ点を入れてください。

最初は難しそうに思う課題でも、「必ず克服できる」と思い続けていると、いつの間にかできるようになるものです。私もそうして克服してきました。まず意識する、次に実践することです。

本書は、経営者から一般社員まで、また、営業関係者から内勤の方まで、幅広い読者を対象にまとめています。したがって、チェック項目の難易度にかなりの開きがあります。皆さまの状況に応じてご利用ください。

チェック項目

【ドキドキ解消法】

□　①初対面の聴衆にドキドキしないで話せるか

□ ②手や足が震えていないか
□ ③頭が真っ白になっていないか
□ ④聴衆の目線を怖がらないで話せるか
□ ⑤呼吸法でドキドキを克服できるか
□ ⑥聴衆全員に目くばりできるか
□ ⑦目くばりしながら話を進められるか
□ ⑧冒頭で感謝のことばを述べる精神的余裕があるか
□ ⑨わかりやすい話でスタートし、聞き手を引きつけられるか
□ ⑩使い慣れたことばを使い、精神面の負担を軽減できるか
□ ⑪自己紹介後のゴールイメージを描いているか
□ ⑫「エー」「アノー」など耳障りなことばをセーブできるか
□ ⑬あがったか。その原因をわかっているか
□ ⑭全体と部分の時間配分に注意しているか

【話の構成法】

□ ①わかりやすい話し方をできるか

□ ②自らの主張を伝えているか
□ ③論理的な話し方（原因と結果、時間の流れ）ができるか
□ ④聞き手が直感的に理解できる構成になっているか
□ ⑤話の構成面に油断はないか
□ ⑥聞き手の視覚に訴求できるか
□ ⑦「これなら大丈夫」の確信をもってスタートしているか
□ ⑧聞き手の興味を喚起する構成になっているか
□ ⑨一般常識、法令を逸脱しない話ができるか
□ ⑩テーマ以外の話を捨てる引き算話法ができるか
□ ⑪一貫性と手順（テーマ・事例・まとめ）に気をつけているか
□ ⑫理想的な顧客像を想像しているか
□ ⑬自らに相応しい考え方・態度・表情・声・ことば使いが可能か
□ ⑭自分の一番の強みをわかっているか
□ ⑮自分の強みを生かしているか
□ ⑯テーマに相応しい具体例を選んだか
□ ⑰話の結び方を考えているか

□ ⑱テーマを十分絞り込んだか
□ ⑲具体例を絞り込んだか
□ ⑳切出し効果を考えて聴衆を引きつけているか

【感動話法】

□ ①聞き手を笑わせることができるか
□ ②聞き手を泣かせることができるか
□ ③自分の失敗談、欠点を開示し聞き手の共感を得られるか
□ ④目くばりで聴衆の反応をつかめるか
□ ⑤話の「山場」で聞き手の心理状況をチェックできるか
□ ⑥聞き手に問題提起をしているか

【順応性】

□ ①場の変化に合わせて即座に対応できるか
□ ②「間」を自在に使いこなせているか
□ ③聞き手の突然の突っ込みに即座に対応できるか

□ ④咄嗟のトラブルに対応できるか
□ ⑤聞き手との会話で、一気に人間関係をつくることができるか
□ ⑥反応が鈍いとき、話題を変えて聴衆の興味を喚起できるか
□ ⑦答え難い質問を上手に避けられるか
□ ⑧聞き手の問題解決に焦点をあて、提案できるか
□ ⑨時間内できちんと終了できるか
□ ⑩時間に余裕ができたとき、予備の話題でつなげられるか
□ ⑪全員の視線を活力源に転換できるか
□ ⑫予期しない逆境を克服できるか
□ ⑬途中退場者続出に冷静でいられるか
□ ⑭聴衆の冷めた雰囲気に対処できるか

⑧ 大勢の前で、快感を感じるスピーカーになるには

これまで自己紹介の重要性と必要性について述べてきました。概ねこの自己紹介力は、スピーチ力を磨く過程で培われるものです。

そこで、初期段階で障害になる「ドキドキ」について、指導法の留意点を紹介します。

個人演習に重点をおいたスピーチ研修

某企業で、六五名の女性社員を対象に、一二回連続（毎月一回）のスピーチ指導を行ったことがあります。

お客さまの要望で座学を減らし、個人演習に重点を置いたスピーチ研修で、研修の六回目と一二回目に、受講者全員からアンケートを取りました。左記は、その一部です。

①「非常にあがって、自分でなにを話しているのかわからなかった」
「ハイ」は、六回目は六一名、一二回目は四名（大幅に減少）

②「あがることはあがったが、さほどでもなかった」
「ハイ」は、六回目は一六名、一二回目は四九名（大幅に増加）

では、研修を受けた女性は、どのように変わったのでしょうか。

この企業では、毎朝交代で一人ずつ、朝礼スピーチをするのが慣例でした。研修前は、朝礼スピーチの担当者はできるだけ目立たない部屋の隅に立って、小声で「ボソボソ」話していました。

研修後は、同じ女性がその部屋で一番目立つ中央部分に立ち、にこやかな笑顔を浮かべ、大きな声で話すように変わったのです。立つ場所や表情、声が変わっただけではありません。話す内容も変わりました。よくまとまった構成で、何がいいたいのか、伝わるようになったのです。

直接的効果と副次的効果

スピーチには、自分の考え方や強い意志が必要です。また、説得力のある話には話材の裏づけが欠かせません。

「○月○日に朝礼スピーチをしよう」と思うと、その日に備えて、話材を集めるようになります。それは、日頃の観察力、洞察力を磨くことになるのです。また、大勢の前で話すには、勇気が必要です。そして、スピーチをほめられると、自信がついて、「またやろう」と積極性も生まれてくるのです。

スピーチ研修の効果は二つ。一つは直接的効果で、二つ目は副次的効果です。直接的効果とは、スピーチ力そのものを磨くこと、副次的効果とは、スピーチ力を磨く過程で培われるもので、すでに述べた「考え方」「意志」「観察力」「洞察力」「勇気」「自信」「積極性」などです。

さて、この副次的効果ですが「職場の人間関係」「目標達成」「対外的な折衝」などに、どうしても欠かせない必須課題なのです。

アンケートは自主申告

すでにお気づきのように、前ページのアンケート結果は、自主申告によるものです。私が受講者のスピーチを聞いて、「落ちついて、よくまとまった話をしている」と思っても、本人が「ドキドキした。自分は下手だ」と感じると、アンケートにそのように記入するものです。実は、アンケート①の四名もそうでした。

なぜ、そうなるのでしょうか。それは、各々の感じ方が違うからです。話し手と聞き手で違ってくるのです。そこで、感じ方の違いを受講者にきちんと、説明し納得させないといけないのです。

話し手と聞き手で違う感じ方

例えば、A子さんを話し手、B子さんを大勢の中の聞き手の一人とします。

そして、A子さんがスピーチ中に「ドキドキ」を感じたとします。しかし、一般的に、この「ドキドキ」は、話し手が感じたとしても、聞き手にはほとんど伝わらないものです。逆に聞き手には、堂々と話しているように映ることが多いのです。誤解の原因は、ここにあるのです。

次に、A子さんのスピーチが終わって、B子さんの番になったとします。B子さんもA子さんと同じように、スピーチ中に「ドキドキ」を感じたとします。

A子さんは、B子さんのスピーチを聞いて、「私はいつも『ドキドキ』するのに、B子さんは堂々とスピーチしていた」と受け取ってしまうのです。そして、「私はB子さんに劣る」と早合点し、A子さんはスピーチに対する自信を失くしてしまうのです。

実際は、A子さんもB子さんも、同じように「ドキドキ」を感じていたとしてもです。

快感を自覚する

スピーチ研修では、勘違いで自信を喪失する受講者をなくさなければなりません。そうでないと、研修を行う意味がないからです。

そこで、全員が話し中に「ドキドキ」を感じていたこと、また、自分が感じた「ドキドキ」は、ほとんど聞き手に伝わっていないことを、質問しながら明らかにするのです。

すると、感じ方を起因とする早合点はほとんどなくなります。不安は解消し、自信が回復します。安堵感も蘇ります。「私は皆と一緒、自信をもっていいんだわ」と思ってくれます。

こうして全員の顔に赤みが増し、実りある研修になるのです。やがて大勢の視線を浴びる快感と喜びを自覚するスピーカーに育っていくのです。

「❾ 潜在客を顕在化する」のまとめ

自己紹介で即日受注につなげる、これはベストの結果です。

しかし、取扱商品や金額の多寡によって、即日受注が難しいケースもあります。仕入方針に三社見積り、二社購買を掲げる企業が増えている現在では、むしろ後者が現実でしょう。

そこで、自己紹介を行う目的を、商談のきっかけを生み出す手段にすることも一つの選択です。

この❾では、商談のきっかけづくりを選択する企業に必要な、その後のアプローチの基本について紹介しました。

時間の流れに沿って、必要なステップをまとめたものです。なお、弊社で検証し、セールストークのセミナーでも紹介しております。

ただし、企業によって相応しくない場合もあります。各社の実情に合わせてご利用ください。

参考文献

「部下をイキイキ動かす管理者のコミュニケーション術Q＆A」近藤三城　セルバ出版
「話し方のバイブル」江川ひろし　サンマーク文庫
「高感度自己紹介」吉田照美監修　大泉書店
「最強のプレゼンテーション」吉田たかよし　ＰＨＰビジネス文書
「凡人の逆襲」神田昌典　平秀信　オーエス出版社
「思いどおりに人を動かす法」渋谷昌三　日本実業出版社
「くちの体操」塩原慎次郎著
「挨拶で変わる会社が活きる」天明茂　日本実業出版社

著者略歴

近藤 三城（こんどう　さんしろう）

昭和47年販売商社勤務の傍ら、関西言論科学研究所で「万人共通のコミュニケーション法則」の研究を開始する。販売商社常務、企画会社専務を経て、平成4年カタリスト研究所設立。
常に現場重視の視点から、独自の切り口で人間関係の奥義を説く。
現在、無料コンテンツ配信・セミナー講師・ビジネス書作家・講師養成講座などの活動を行う。
なお著書に「部下をイキイキ動かすコミュニケーション術Q＆A」（セルバ出版）がある。また、プロ司会者として500本の実績がある。
http://www.katarist.jp/
〒610-0354　京都府京田辺市山手南1-4-1　C-1206
電話0774-64-3328　ＦＡＸ0774-64-3329

90秒自己紹介で顧客をゲットするコツ

2011年3月18日発行

著　者　近藤　三城　©Sanshirou　Kondo
発行人　森　　忠順
発行所　株式会社 セルバ出版
〒113-0034
東京都文京区湯島1丁目12番6号 高関ビル5B
☎03（5812）1178　FAX 03（5812）1188
http://www.seluba.co.jp/
発　売　株式会社 創英社／三省堂書店
〒101-0051
東京都千代田区神田神保町1丁目1番地
☎03（3291）2295　FAX 03（3292）7687

印刷・製本　モリモト印刷株式会社

Printed in JAPAN
ISBN978-4-86367-045-7